アメリカントリビア

Why Do Clocks Run Clockwise? —and other imponderables

デイヴィッド・フェルドマン
秋元　薫／訳

朝日出版社

1

時計の針はなぜ時計回りに動くの？

野球、競馬、ほとんどのスケート種目では、時計と逆方向の動きをするのをわれわれは見慣れています。では、時計が「時計回り」である特別の理由があるのでしょうか？

時計学者であるヘンリー・フライド氏は、この謎に実に単純な説明をしてくれました。時計が発明される前は、人間は日時計を使っていました。北半球では、その影は現在「時計回り」と呼ぶ方向に回ります。時計の針は、この太陽の動きを真似て作られたのです。

もし、時計が南半球で発明されていたら、「時計回り」は現在とは逆の方向になっていただろうというのが、フライド氏の意見です。

2

犬が横たわる前に、その場をグルグル円を描くように歩き回るのはなぜ？

この謎については、有力な三つの説をご紹介します。

この現象を説明する、最もありふれているけれども論理的な答えは、大昔、犬が野生だったころ行った寝床作りの名残ではないか、というものです。特に丈の高い草や葉が生息し、石などが散らばっているところでは、横たわる前にこのような地ならしが必要だったと考えられています。

専門家の中には、犬が自分のなわばりの境界線を引いているのだという意見を持つ人もいます。さらに、ワンちゃん評論家のエリザベス・クロスビー・メッツ氏は、犬のこの習性を次のように説明しています。

「やはり、自分のなわばりの周りににおいをまき散らして、『ここは自分のなわばりだ、出ていけ！』と主張する行動と関係があると思うの。さらに、私はブリーダーとして犬を育てた経験から、生まれて間もない、目も開かず、耳も聞こえない子犬に乳をやる前に、母犬が何度もその場を回ってから横になるのを目にしてきました。においをまき散らすことによって、母親がどこにいて、赤ん坊たちがそこまでどのくらいはっていかなければならないかを示すんです。そうでなければ、生まれたばかりで目も耳も不自由な子犬が、どうやって自分たちのお乳を探りあてるというんでしょう？」

3

害虫駆除業者がヘルメットをかぶっているのはなぜ？

われらが質問者は、全米でも屈指の大きな害虫駆除会社のＴＶコマーシャルの中で、作業員が格好良いズボン、しゃれたシャツを着て、頭にヘルメットをかぶっているのを見て、不思議に思ったと言います。あのヘルメットには、何か現実的に実用上の理由があるのでしょうか？　また、マーケティング上の理由もあるのでしょうか？

実用上の理由として、害虫駆除作業員は往々にして、物の隙間や地下室、貯蔵庫といった障害物の詰まった場所をはいずり回って作業をしなければなりません。くぎや冷暖房用のダクト、クモの巣などの、頭上から飛び出ている障害物による事故を多少なりとも防ぐのが、ヘルメットなのです。

マーケティング上の理由としては、ヘルメットは、プロフェッショナルなイメージを醸し出してくれます。潜在意識のレベルで、ヘルメットは客に次のように思い込ませるのです。「作業員がヘルメットをかぶらなくてはならないなら、きっとこの仕事は自分のような一般人には危険に違いない！　やはり、専門家にまかせたほうが安全だ」と。

4

テニスのスコアは、どうして奇妙な数え方をするの？

テニスが今日われわれが親しんでいるスタイルになったのは、わずか一〇〇年前のことです。イギリスのウェールズに住むウォルター・クロプトン・ウィンフィールドという少佐が、キジ撃ちに招待したお客に、狩猟の前に庭の芝生で気晴らしをしてもらおうと考えたのが、その始まりです。それから間もなくして、ウィンブルドン・クリケット・クラブの会員たちがこのゲームに目を付けました。そして、一八世紀後半より、人気が下がっていたクローケー（ゲートボールに似たスポーツ）のグラウンドを、再利用しようとしたのです。

実はウィンフィールド少佐が考案する以前にも、テニスは今とは違うスタイルで存在していました。「テニス」という言葉が出てくる最初の文献は、イギリスの詩人、ジョン・ガウアーが一三九九年に書いた一篇の詩です。また、文豪チョーサーの一三八〇年の著作にも、登場人物が「ラケットでプレーする」ことを話す場面があります。

「リアル」テニスの名でも知られるコートテニスの起源は、中世にさかのぼります。たいへんなスポーツマンだったイギリス国王ヘンリー八世は、大のテニス好きでもありました。コートテニスというのは、屋内で行われるもので、斜めのひさしが付いた不均衡な長方形のセメント・コート、硬球、左右不均衡なデザインのラケット、観客のために壁に開けたのぞき窓を特徴としています。まさに紳士のスポーツとして、アメリカでは今でもひとにぎりの頑固者たちの間で楽しまれています。もっとも、コートは数えるほどしかありませんが。

ローンテニスのおかしなスコアの数え方は、明らかにこのコートテニスにならったものです。コートテニスのスコアリングはやはり15ポイント制になっていますが、現在の数え方とは若干異なっています。つまり、今のテニスが15―30―40―ゲームセットと数えるのに対し、コートテニスでは15―30―45―ゲームセットで一ゲームとなります。また、現在は一セット六ゲームで、三セットか五セットで一試合というルールですが、コートテニスでは一セット四ゲーム、六セットで一試合という具合になっていました。

奇妙なスコアの数え方を説明するいちばん有力な説は、テニスが発祥した当時のヨーロッパ人の天文学への興味、特に六分儀（天球上の二点間の角度をはかる携帯用の器械で、円周の六分の一が目盛りになっている）に対する関心が高かったことに関係があるというものです。円の六分の一といえば、もちろん60度（テニスの一ゲーム分のポイント数と同じ）です。一つの試合に勝つためには四ゲームあるセットを六セット、つまり24ポイントとらなければなりません。そして各ポイントは15に相当するので、勝者が360度（24×15）の円を完成させたところで試合が終了するということになります。

この六分儀スコアリング・システムは一五五五年には確立していたと、イタリアのアントニオ・スカイノという人物の著述に出てきています。今日のテニスで一ゲームが6ポイントまで進みタイになると、「ジュース」（英語ではデュース）と呼ばれますが、一六世紀のイタリアにはすでに「ア・デュー」という、連続して2ポイントを先にとったほうが勝ちという意味の同義語が存在していました。

けれども、この等比数列によるゲーム・ポイントの数え方は、歴史のどこかで途絶えてしまったようです。三番目のポイントが、45ではなく40に変わったのです。これは『オフィシャル・エンサイクロペディア・オブ・テニス』によれば、「フォーティ・ファイブ」よりも「フォーティ」のほうが大声でコールしやすい数だということで、40に引き下げられたと言います。「フォーティ」ならばほかの数と聞き間違うこともないという配慮もありました。さらに一七〇〇年代になると、コートテニスは一セット四ゲームから六ゲームとなり、スコアの数え方は、その天文学的な起源から遠ざかることになります。

やがてローンテニスの人気がコートテニスの人気を上回るようになると、ルールやスコアの数え方に混乱が生じ、統一する必要性が出てきました。アメリカで最初のテニスに関する組織であるアメリカ・ローンテニス協会は一八八一年、全国的な統一基準を制定するために第一回の会合を開きました。もっとも、アメリカ・ローンテニス協会が設立される以前は、各テニスクラブがそれぞれ独自のスコアリング・システムを採用していました。その多くは、プレーヤーが一回のラリーに勝つたびに1ポイントを与えていたというのですから、興ざめもいいところです。運よくアメリカ・ローンテニス協会が救いの手を差しのべ、ただちにイギリスのスコアリング・システムを採用したため、観衆は混乱することなく安心してテニスを観戦できるようになりました。

ほかにも、スコアの数え方を簡略化することによって、新たにファンを獲得しようと、これまでさまざまな試みが行われてきました。ザ・ワールド・プロ・チャンピオンシップ・リーグは卓球の21ポイントマッチ・システムを導入しようとしましたが、今ではこのシステムもリーグも存在していません。

二〇世紀に行われたスコアリングの変更の中で最大級のものは、おそらくタイブレーカー（同点決勝戦）でしょう。タイブレーカーは一九六八年にアメリカ・テニス協会の中部支部が、実験的に決勝のための一回勝負を設けたのが最初で、これによって近代テニス史上初めて、規定のゲーム数を勝ち進んできたプレーヤーでも、そのセットを落とすことがあり得るようになりました。一九七〇年にはプロテニスでもタイブレーカーが採用され、今日ではあらゆるトーナメントで用いられています。

5

ゴルフのショットが外れて飛んだとき、「フォア」と叫んで警告するのはなぜ？

ジェラルド・フォード元大統領によって普及したこの表現は、もともとは英語の軍事用語でした。軍隊が列になって射撃をする際に使われる、“ware before”という指令は、最前列の兵士をしゃがませて、第二列の兵士による射撃で頭を吹き飛ばされぬよう注意せよ、という意味になります。

したがって、ゴルフのショットが外れて飛んだときに警告する「フォア」(fore)は、“ware before”の“before”が、単に短縮されたものなのです。

6

人類はなぜ体毛をあらかた失ったの？

この問題に関しては、人類学者の間でも長年論争が繰り返されてきました。多くの動物にとって体毛は、体から熱を逃がさないという重要な役割を持っています。だから、人類だけがこの貴重な断熱材を失ったのには並々ならぬ理由があるはずです。そこで、ここでは人類が体毛を失うに至った過程を納得のいく形で説明した仮説を、イギリスの人類学者であるデズモンド・モリスの意見とともに紹介しましょう。デズモンド・モリスは『裸のサル』の著者であり、裸のサルとはまさにこの謎を象徴しているからです。

1　体毛がなくなったことによって、太古の人々はそれまで悩まされてきたダニ、ノミ、南京虫などの皮膚寄生虫から、ある程度解放されたという説です。その昔、寄生虫は不快感をもたらすだけでなく、多くの伝染病を媒介しており、それによって死ぬ人も少なくありませんでした。ただ、この説はいかにももっともらしいのですが、同じように寄生虫に苦しんだ人間以外の霊長類が、なぜ人間のように進化しなかったのかが説明されていません。

2　はだがむきだしになったのは、物理的環境への反応の結果生じたのではなく、社会的な変化の結果だとする説です。種の多くは、自分たちをほかの種の生物と区別する任意の特徴をいくつか持っています。デズモンド・モリスはこれを「種を認識する目印《バッジ》」と名付けていますが、当のモリスは人類が体毛を失った事実をこの「目印《バッジ》セオリー」で解くことに対しては疑問を持っています。つまり、人類をほかの霊長類と識別するというささいなことのために、体毛をなくすなどという思い切った変化が現れたとは到底思えないからです。

3　体毛喪失には性的、生殖上の根拠があるとする説です。哺乳動物のオスは一般に、同種の異性であるメスよりも体毛が濃いのです。この性による生理学上の違いは、一方の性を他方の性にとって魅力あるものに見せるのに役立っています。さらにモリスは、体毛喪失がより性的活動の興奮を高めたと強調しています。毛がはえていないほうが、触れるものに対して敏感になります。それならば、自然が本来、人類を増やすために種の特徴として植えつけたものを忘れるのはたやすいことでしょう。

4　人類学者の中には、人類が狩猟のために東アフリカのサバンナを歩き回るようになる以前に、もう一段階進化の過程があったと唱える者もいます。すなわち、地上の動物として渇いた大地をうろつく前に、水生の動物として熱帯の海岸で食べ物を探していたのではないかという説です。だから体毛はなく、水の中で泳いだり歩き回ったりしやすい流線型の体型になったというのです。この説ならば、なぜ頭だけ髪が生えているのかも説明できます。水の中で長時間歩き回っていたならば、直射日光から守る必要があるのは頭だけだったはずだからです。この説に従うと、人間が陸に上がったのは、狩猟のための道具を十分開発してからのことになります。

5　たとえ水生の段階が存在しなかったとしても、体毛をなくしたことは、日陰の多い森を出て平地での狩猟生活をするようになり、それまで経験したよりもずっと高い気温に体をさらすことになった人類にとって、体温調節に役立ったとする説です。しかし、モリスはこれに異論を唱えています。ライオンやジャッカルといった哺乳動物にもこの程度の環境の転換はあったはずですが、それによって彼らが体毛を失うことはなかったからです。しかも、体毛の喪失は裸の皮膚を危険な紫外線にさらすというネガティブな側面も持っているのです。

6　体毛をなくすことによって、太古の人類が狩りで追跡をする際、体が過熱するのを防いだとする説です。これはモリスの「ペット・セオリー」です。われわれの祖先が狩人になったとき、その活動レベルはそれまでとは桁はずれに大きくなったはずです。そこで、重い毛皮のコートを脱ぎ捨て、全身に脂肪組織と汗腺を張りめぐらすことによって、素早くしかも効率よく熱を飛ばすようになったのです。毛が生えていると汗が閉じこめられて、汗腺本来の冷却機能が十分に発揮されないためです。

われわれが現在、霊長類の祖先が抱えていた問題とはかけ離れたところにいるのと同様、人類の遺伝的性質というものは常に、文化を向上させようというわれわれの試みに逆らう傾向にある、とモリスは考えています。「(かれの) 遺伝子はずっと後方にとりのこされている。かれはいかに環境を支配する成果をおさめようとも、かれの心庭はまさに一匹のサルにすぎないことをたえず思いだすであろう」(日高敏隆訳)。

7

犬は吠え続けても喉を痛めないのはなぜ？

この謎は、あるトークショーで視聴者がかけてきた電話からいただきました。それによると、電話の主の隣の家では、飼い主が出かけている間、犬が何時間も吠え続けていたと言います。なぜこの犬は喉を痛めなかったのでしょうか？　少なくとも、電話の主が痛めた耳ほども痛んでいないことは確かです。

われわれは獣医数人に当たり、その中の最大公約数的な解答が、アメリカ獣医内科学カレッジのウィリアム・E・モンロー博士の意見です。

博士によると、犬も時には喉頭炎《こうとうえん》にかかったり、声が変わったりすることがあります。しかし犬の場合、人間ほど頻繁にそうなりません。犬の喉頭を動かすしくみは、人間の発声器官ほど精巧にできていないからです。そのため、音域も狭く、発声による負担もおそらく、それほど過酷なものではないはずです。大方の犬にとって吠えるということは、人間が話をする行為のように日常生活のかなりの部分を占めるということはありません。したがって、声が変わるという喉頭炎の徴候は可能性としては存在しても、犬の場合、それほど例を見ないというわけです。

8

映画の冒頭に出てくるカウントダウン・リーダーは、なぜいつも2までで終わるの？

子どものころ、学校で見た16ミリ映画を思い出してください。まずカウントダウンが出てきたはずです。

10―9―8―7―6―5―4―3―2―、あらら？　1まで数えることは決してありません。

このカウントダウン・リーダーはもちろん、映写技師に映画の開始を知らせるためにあります。それぞれの番号は、あらかじめ一秒ごとに正確に現れるように合わせてあり、映写技師は通常、2を合図にスクリーンに映写機のライトを当て、映画を始めることになります。だから、1が何に当たるかというと、映画のスタートそのものということになるでしょう。

では、映画が始まるところをゼロにして、観客に10から1まで数える満足感を与えることは可能なのでしょうか？　もちろん、それは可能です。けれども、これは広く通用している伝統であり、しきたりなのです。

ボブ・ディランだって書いていたではありませんか、「リーダーに従うな」と（原文"Don't follow leaders."をこの文脈で読むと「カウントダウン・リーダーを気にして、目で追ったりするな」と読めるシャレ）。

9 なぜ記者会見には二〇本近いマイクが必要なの？

注意深く観察すると、大統領の記者会見のときには、マイクはたったの二本しかありません。しかし、一般の記者会見では、何十本ものマイクが並んでいます。これはなぜでしょうか？

大統領の声明は、どのマスコミも必ず取材します。たった二本のマイクで各社はどうやって声明のテープを手に入れるのでしょうか？　このために使われているのが、「マルト・ボックス」（「マルティプル・アウトレット・ディバイス」の略）と呼ばれる装置です。このマルト・ボックスには入力ジャックは一つしかありませんが、出力ジャックには一六や三二程度が備わっています。そして各局は各々の録音装置のプラグを空いているジャックに差し込むだけで、大統領声明のコピーが取れるのです。二本目のマイクは、一本目がうまく作動しなかったときのための予備なのです。ホワイトハウスのマルト・ボックスは、大統領記者会見を取りしきっているアメリカ陸軍の通信科が用意しています。

しかし、よくあるように、記者会見が急に設けられて、整ったエレクトロニクス機器がない場所で行われる場合などには、複数のマイクが林立することになります。各社のニュースチームが会見のテープを得るには、各々でマイクを設置する以外ないからです。

各ネットワークはもちろんのこと、地方局でもほとんどのところはマルト・ボックスを持っています。マルト・ボックスの目的は情報源を共同で活用することにあるので、全米レベルでは各ネットワークが、一地方を対象とするレベルでは地方局が交替でこの装置を提供することになっています。

メディア・コンサルタントの中には、マイクが立ち並ぶほうが記者会見の重要性が高く見えるからいいと言う人もいます。だが、物の分かるベテラン・コンサルタントなら、自分の顧客の政治家が金言を唱えている最中に、立ち並ぶマイクに書かれた、各放送局に割り振られたアルファベットに視聴者が目を奪われたりしないよう、マルト・ボックスを使わせるはずです。

10

凍結した路面を処理するのに、地方によって塩や砂を用いるのはなぜ？

華氏目盛の考案者、ゲイブリエル・ダニエル・ファーレンハイトは（氷点を若干下回る気温において）氷に塩を混ぜると、水単独よりも低い氷点を持つ溶液ができることを発見しました。これによって、塩は雪と氷を溶かす素となったのです。

多くの地域では、車道や歩道への着氷を防ぐのに、塩よりも効果的な方法が見つかっていません。塩は氷を溶かすだけでなく、あらかじめ氷になるのを防ぐのにも有効なのです。氷を溶かすための化学薬品は数多く出回っていますが、塩は何よりも安い代用品として今後も使われ続けるでしょう。

それでは、なぜすべての地域で凍った路面を防ぐのに塩を使わないのでしょうか？　それはエコロジー上の問題で、塩の使用を全面禁止している自治体があるからです。塩は車、舗道、橋など防腐処理をしていないスチールの外回りを腐食してしまうのです。さらに、塩で駄目になる植物も少なくありません。

除氷剤としての塩の効果には、紛れもなく限界があります。塩は交通量の多いところで用いるのが最も効果的であり、交通量の少ないところだと氷と塩が十分に混ざり合わないため、着氷がまだ進む余地があるのです。また、摂氏マイナス三・九度以下では、塩はあまり効果を発揮しなくなります。凍るスピードが速くなりすぎて、塩が混ざる余地がなくなり、氷点を下げられなくなるのです。さらに、氷の上にまかれた塩は、ドライバーや歩行者が移動する際の滑り止めとしては役に立ちません。

一方、砂は氷の表面にまかれようが、半分溶けた氷や雪に混ざろうが、車のタイヤと接触することによって優れた滑り止めとなります。使用の際に交通量を気にする必要もなければ、植物や車、舗道も傷つけず、安上がりなのです。

ただし、砂にも一つだけ問題があります。それは、砂自体は雪も氷も溶かせないということです。そこでこの問題を解決できるのが塩であり、砂はその結果現れた症状の治療薬となるわけです。

地域によっては、実験的に砂と塩をコンビで使っているところもあります。また実際に舗道にまかれる砂のほとんどは、雪と混ざって塊にならないよう、あらかじめ若干の塩が加えられています。

ちなみに、塩は砂と比べると、価格の面でかなり高くつきますが、それでも、コストの問題が、砂が塩の使用を上回る最たる基準になることはめったにありません。ニューヨーク州の運輸局のジョゼフ・ディファービョー氏は、今回の謎について答える際、塩は一トン当たり約二〇ドル、砂は約五ドルだと教えてくれました。しかし実際には、砂は塩の三倍近い密度でまかなければならないので、同じ距離をカバーするにも、塩の三倍の量の砂を必要とするのです。砂をまくのも手間はかかりますが、冬が去って、こうしてまかれた滑り止めの砂をトラックで回収する際も同様に手間がかかります。だから結果的に、コストの問題は無視して構わないということになります。

11

ゴルフコースが一八ホールなのはなぜ?

ゴルフ発祥の地、スコットランドではその昔、コースはその用地の面積に合わせて異なるホール数で設計されていました。中には、たった五ホールのコースもあったと言います。名門ゴルフクラブ、セント・アンドリューズのロイヤル&エインシャント・ゴルフクラブはもともと二二ホールでした。一七六四年に、コースの土地の一部を市に返還することになり、四ホール分をけずって、一八ホールになったのです。ゴルフがゲームとして体系化されていくにつれて、歴史的に由緒あるセント・アンドリューズを基準にして、十八ホールを一ラウンドとするようになったのです。

12

陸海空軍の士官学校の士官候補生たちは、卒業式で帽子を宙に放り投げた後、どうやって自分の帽子を見つけるの？

米国陸軍士官学校でも、海軍士官学校でも、空軍士官学校でも、この伝統は変わらず守られています。卒業式の終わりに最後の気を付けの号令をかけられて、「解散！」（You are dismissed）という永久不変の言葉が発せられた途端、それまで士官候補生と呼ばれていた卒業生たちは一斉に帽子を放り投げます。ときには、帽子投げはスポーツ種目ともなります。では、その回収はどうするのでしょうか。

列席した身内の人が、いくつかは拾います。しかし、大半の帽子は子どもたちのものとなります。空軍士官学校の士官候補生の司令官であるジェイムズ・A・バークホールダー中佐は次のように書いています。卒業生のほとんどが帽子を投げた後、「一二歳未満の子どもたちはわれがちに駆け寄って帽子を手にしてよいことになっています。そこでは、『拾った者が持ち主』なのです。この瞬間に備えて、子どもたちをグラウンドから遠ざけようとする光景も見られます。こうして、卒業式の後には、『宝物』を手にした子どもと、帽子を手に入れられずにがっかりしている子どもの姿を見かけるのです」。

士官候補生自身が自分の帽子を欲しいとき、見つけることはできるのでしょうか。それは可能です。帽子の内側にはボール紙の入ったポケットがあり、その紙の上には各人の名前がフェルトペンで書かれているからです。しかし、このインクはたいがい消えたりにじんだりしているので、毎年千人はいる陸軍士官学校の卒業生が、実際に自分の帽子を見つけられる可能性は低いでしょう。

帽子投げにはリハーサルや振付があるのでしょうか。そんなものは一切ありません。毎年、自然発生的に行われているのです。では、これが周囲の不興を買ったりすることはあるのでしょうか。まさかそんなことはありません。陸軍士官学校の広報担当補佐、アル・コネクニー氏の話によれば、卒業生は自分の制服の一部すら投げても構わないのだそうです。何しろ、その制服はもはや彼らの正式な制服ではないのですから。そう、彼らはたった今、昇格したのです！

13

ボクサーがパンチを出すときに立てる、鼻をすするような音は何？

ボクシングの試合やシャドーボクシングのとき、耳をすますと、パンチが送り込まれるたびに鼻をすするような音が聞こえてきます。この音は、ボクシング業界では「鼻息」としてよく知られています。

鼻息は息を出すことにほかありません。正しい呼吸のテクニックを習得することは、多くのスポーツにおいて欠かせないことであり、ボクサーはたいてい、パンチを出すごとに、鼻から息を出すよう教えられています。国際引退ボクサー協会のスクープ・ガレイロ会長は、今回の謎に対して次のように答えてくれました。ボクサーがパンチを送り込みながら鼻息を出すとき、「そのボクサーは何かパンチ以上の力も一緒に送り込んでいるつもりになる」のだそうです。ガレイロは付け加えて、「実際にパンチの送り手側に、より一層の力をもたらすかどうかは疑問ですがね」と言いました。同様に、国際ボクシング協会の会長であり、コミッショナーでもある、ロバート・W・リー氏は、鼻息はボクサーに「持てる力のすべてを活用し、しかもエネルギーを一切無駄遣いせずにパンチを送り込むためのものですが、それが果たして効果があるのかどうかは私には分かりません。しかし、私よりもこれに詳しい人々は相変わらずこの方法を用いているので、今では私も何らかのメリットがあるのだろうと考えるようになりました」と、話してくれました。

この問題を調べれば調べるほど、われわれは鼻息テクニックの効き目に関して専門家がいかに半信半疑でいるかが分かってきました。世界のアマチュア・ボクシングとオリンピックのボクシングを取り仕切っている国際アマチュア・ボクシング協会のエグゼクティブ・ディレクター、ドナルド・F・ハル・ジュニア氏は、次のように述べています。「パワフルでエアロビックな運動を行うときには息の吐き出し方が重要とされますが、ボクシングでパンチを送り込むときには呼吸はそれほど重要視されていません。だが、原理は同じです」。ジェーン・フォンダのエアロビクスのビデオを見たことのある人なら誰でも、トレーニング中に正しい呼吸をするよう強調していることに気付くでしょう。では、ウェイトリフティングやヨガといった、まったく異なる訓練でも、息の吸い方、出し方を意識するよう言われているのに、なぜボクシングの専門家は鼻息がボクシングに本当に役に立つかどうか、説明できないのでしょうか。

われわれは話をした数人のボクシングの大家たちから、アイラ・ベッカーという人物に会うように勧められました。ニューヨークの伝説的なジム、グリースンズ・ジムの最古参である彼こそ、鼻息の問題について非常に強力な意見を持っているというのです。

そしてベッカー氏によれば、「ボクサーが鼻息を立てるとき、ボクサーは単に息を吐き出しているにすぎません。これはわずかな二酸化炭素と必要な酸素を排出するだけの馬鹿げた行いです。きちんと息を吸って、二酸化炭素の排出と酸素の供給を肺に行わせたほうがはるかに賢明です」ということでした。

ボクシングのトレーニングは、ほかのスポーツにもまして、科学的な研究よりも伝統に支配される傾向にあります。向上心のあるボクサーは、今も鼻息を使うよう教えられているのに、鼻息が本当はエネルギーを保存するのか、消費するのかについては、ほとんど実証されていないのです。

14

煙は煙突から出ていくのに、煙突から暖炉へ雨が落ちてこないのはなぜ？

家によっては、煙突の口の上に傾斜のついた笠をかぶせるところもあります。雨が傾斜をつたって落ちる一方、煙は笠の下から易々と出ていくわけです。

けれども、多くの建物の煙突には笠はついていませんし、また必要としません。それもそのはず、水気のほとんどは煙突内のレンガや石造りの部分に吸収されてしまうのです。事実、煙突にレンガが使われる理由の一つに、レンガの吸湿性の良さがあるのです。

15

有料トイレはどうなったの？

トイレに行くというのは、われわれの活動の中で最近安く済むようになった数少ないものの一つです。その昔、空港やバスの発着所、鉄道の駅には必ずと言っていいほど有料トイレがありました。ガソリンスタンドやレストランで見かけた人もいるでしょう。

有料トイレは、それ自体で利益をあげようとする事業などではなく、ただ単にトイレの清掃にかかる費用のなにがしかを支払う手段に過ぎません。また、一〇セントか二五セントの「入場料」を払うことによって、利用者が有料の個室をきれいに使おうとする動機付けにもなると考えられていたフシもあります。しかし、それは全くの見当違いで、利用者は品行方正に振る舞うどころか、怒り狂って有料トイレを破壊してしまうことも少なからずありました。

一九五〇年代、六〇年代の有料トイレの大半は、各自治体によって運営されていました。連邦航空局のベン・カステリャーノ氏によれば、有料トイレがもたらすわずかばかりの収入は、付随して起こるいざこざや論争にとても見合うものではなかったと言います。つまり、有料トイレの存在自体に対する苦情と、使用不能をもたらす鍵の故障のあまりの多さに立ち行かなくなったのです。

しかし、有料トイレに真の終焉をもたらしたのは、婦人団体が自治体に対して起こしたいくつかの訴訟でした。彼女たちの言い分は、女性は男性と違い、小用を足す際にも有料の個室を使わざるを得ない、だから有料トイレは性差別だというものでした。これに対して各自治体は弱気になり、女性に行儀作法を押し付けたり、トイレに管理人やビデオモニターを置いたりする代わりに、有料トイレそのものを廃止してしまったのでした。たとえ男性優位主義者でも、この一件ではウーマンリブが人類に一撃を加えたことを認めざるを得ないでしょう。

16

眠ろうとするときに時々起こる、痙攣《けいれん》やひきつりのようなものは何？

これはおそらく、誰もが経験したことがあるでしょう。ふとんの中に心地良く横たわり、眠っているとも起きているともつかない状態のときです。脳波が短くなり始めて、メルセデスベンツのコンバーティブルを手に入れる夢を見始めたころ、主に脚がわけの分からない痙攣《けいれん》に揺さぶられて、目を覚ましてしまうのです。

これは、睡眠性痙攣と呼ばれる現象で、デイヴィッド・ボダニスの快著、『身体の本』では次のように説明されています。

「睡眠性痙攣は、脚に通っている鉛筆の太さほどの神経繊維の束が、突然一斉に興奮するときに起こります。束の中の小さな神経が一つひとつ、つながっている脚の中の筋肉組織を引っ張るので、すべての神経が興奮すると脚全体が引きつることになります」。

眠りの研究者は、この睡眠性痙攣が何の原因で生じるのか、またなぜ眠り始めに起こるのか、まだつきとめていません。人によってはかなり頻繁に経験する人もいますが、深い眠りの間に一定の間隔で生じる筋肉の痙攣とは違って、睡眠性痙攣がいつどんなときに起こるのかは、予測がつかないのです。

17

アメリカでは、処刑は必ず真夜中から午前七時の間に行われるのはなぜ？

アメリカにおける処刑は、これまで常に早朝に行われてきたわけではありません。一八三〇年代以前の処刑方法は絞首刑がほとんどで、公共行事として街の広場で真昼に行われるのが普通でした。当時、政府の役人や刑務所関係者たちは、公衆の面前での処刑が未来の犯罪の抑止力になると信じていたため、最も大勢の群衆が集まる時間帯に設定していました。

公衆の面前での処刑については、たとえ死刑賛成論者でも全く問題がない行為とは言い切れませんでした。死刑囚には最後の陳述を行うことが許されており、こうした陳述はしばしば、時の政府や教会に対する攻撃にすり変わっていました。普段は司法によって守られている価値観や制度をあざけり、人々を混乱させることもしばしばありました。また、囚人の中には己れを殉教者にたとえ、大衆の同情心につけ込む者もいたのです。

ちょうどそのころ、哲学的見地、あるいは実際的な見地から、公衆の面前での処刑に反対する声が聞かれるようになりました。大方の人間はこのような処刑方法を野蛮なものだと考えたのです。何しろ、大衆の態度は、人間の死を見守る立会人どころではなく、熱狂するフットボール・ファンにそっくりだったからです。また、大都市の商人たちも商売が中断されるという理由でこれを嫌っていました（逆に、小さな街の商人は処刑によって客が集まると、歓迎していましたが）。

マウント・ホリオーク大学の社会学者、リチャード・モーラン教授は、極刑史における第一人者で、彼によれば、アメリカ史では極刑反対論者というのは、大衆の目が処刑の残虐性に向いているのなら、あまりの野蛮さに大衆が目をそむけ、犯罪の抑止力になると思って公衆の面前での処刑を求めてきた人々だと言います。

一方で、極刑賛成論者は常に処刑の非公開を求めてきました。この徴候が最初に現れたのは一八三〇年代のことで、いくつかの州では刑務所内で処刑を行うよう決定しました。一八三三年、ロードアイランド州が死刑公開廃止第一号の州となり、翌年にはペンシルベニア州もこれに続きました。実際には、刑務所内での絞首刑を見に集まる大衆はいましたが、入場券を購入して見学するようになっていました。この時代はまだ、ほとんどの処刑が午後、行われていました。

だんだんと、処刑を夜遅く、あるいは真夜中や夜明け直前に行う州が増えてきました。夜明けの処刑の起源は何世紀も前にさかのぼりますが、多くの国々で軍が射撃部隊を使い、標的を狙えるだけの明かりがさしたところで死刑囚を処刑したことがありました。しかし、モーラン教授は早朝の処刑には別の理由、すなわち隠ぺい工作があったと考えています。一九世紀ですら、刑務所や政府の役人は処刑が報道されるのを極力減らそうとしていました。異議申し立てを最小限に抑えるためです。処刑を早朝に行えば、その日の朝刊には載らないのです。処刑について記事にしようとすれば翌日の掲載となり、人々の注目も引きにくくなります。

われわれが話をした刑罰に関する権威たちの中には、早朝の処刑には実際的な利点があると強調する人もいました。アメリカ更生協会の専務理事、アンソニー・P・トラヴィゾーノ氏は、この謎に対して、真夜中から午前六時までは「刑務所がほとんど活動しておらず、非常に静かな時間帯だからです」と答えてくれました。そして、いささか無気味に「この時間帯はほかの時間帯よりも力が出るということもある」と、付け加えました。

モーラン教授はまた、昼間に処刑を行うとほかの囚人が騒ぐので、皆が寝静まっている時間帯に行う方が賢明だとも言っています。

われわれはモーラン教授に、早朝に処刑をするのは、無意識のうちに死刑というもの自体に対して抱いている恥の意識のあらわれではないかと尋ねてみました。彼はこの仮説に対して、立場を明らかにはしませんでしたが、その可能性は認め、電気椅子による処刑に関する興味深い事実でこの論点を補ってくれました。今日、室内において非公開に行われる死刑も、電気椅子による処刑も例外なく、窓のない部屋で行われていると言います。つまり、人の命を奪うという嫌な仕事は、太陽の光のささない部屋で行われるのです。われわれはかつて処刑を、公共の儀式と見なし、犯罪を拒絶し、正義の必要性を肯定するシンボルと考えていました。しかし、現在では非公開に、こっそりと行っているのです。まるでわれわれ自身が犯罪者であるかのように。

18

なぜアリは歩道に集まろうとするの？

われわれは、数名の昆虫学者と害虫駆除の専門家の助言を得て、この現象を説明するいくつかの理由を集めました。

1 アリの中には、実際に「舗道アリ」と呼ばれているものがいるように、歩道や石の下や、そのほかの固い表面を持つ物の下に好んで巣を作る種類がいます。

2 国立害虫駆除協会の技術部長、ジョン・J・スワーレイス氏は、科学的精密さと簡潔さを備えた指摘をしてくれました。「歩道は、人々がキャンディーやファーストフード、食品の包み紙やジュースの缶などを落とす格好の場所です」。アリは勤勉なことで知られていますが、アリとて馬鹿ではありません。努力せずに食べ物が手に入るなら、せっかくの機会を逃すわけがありません。

3　アリはフェロモンを出し、そのにおいの跡を辿って、巣から食べ物まで行きます。そのとき、フェロモンは歩道の上の方が嗅ぎつけやすい上に、2で学んだように、歩道はしばしば食べ物の宝庫ともなります。したがって、歩道の上にいるアリは往々にして、先に食べ物を探しに行っている斥候《せっこう》アリが残したにおいを辿っているのです。

4　歩道は太陽熱を吸収し、保存します。アリは裸で動き回っているため、温かい場所を好んでいます。

5　最も納得のいく説明は、アリの体は黒っぽいため、草地や土の上にいるよりも、白い歩道の上にいる方が目立ちやすいということです。スワーレイス氏は、歩道のように温かいところではアリの動きは活発となり、そのため余計に目立って見えるのだと推測しています。もっとも、お宅の庭の芝生にアリの姿が見られないからといって、アリがいないと決めてかかってはいけません。アリはどこにでもいるのです。

19

なぜ犬は濡れると変なにおいがするの？

かつて、水に濡れると男性用ロッカールームのようなものすごい臭気を出す古いビーバーのコートを持っていたことがあるわれわれは、この謎の答えはきっと、毛皮と関係があると予想しました。しかし、われわれがあたった専門家の意見は、変なにおいは犬の皮膚病が原因だということで一致しました。

第一に、すべての犬が濡れると変なにおいを発するのではないのです。犬の飼育法やグルーミング（手入れ）について多くの本を書いているシャーリー・カルストーン氏は、イヌ科の中でもある種の品種は目立って体臭があると言います。コッカー・スパニエルとテリア（中でもスコティッシュ・テリア）が特に、においやすいのは、主にその皮膚の性質によるものだそうです。たとえば、コッカー・スパニエルは脂漏症《しろうしょう》（皮膚の皮脂腺分泌物が過度に出る状態）にかかりやすいのです。

全米ドッグ・グルーマーズ協会のジェフリー・レイノルズ氏によれば、単なる発疹や皮膚炎も、よく犬の体臭の原因になり、濡れることによってにおいはさらにひどくなるとのことです。彼の経験では、シュナウツァー（ドイツ種のワイヤヘアード・テリー）は、特に皮膚炎にかかりやすいそうです。

時にはもちろん、犬が悪臭のあるものの上に寝転んだために、濡れて臭うこともあります。たとえば、腐った肉のようなにおいがするときは、普通、芝生の肥料が原因です。

定期的にグルーミングを行い、風呂に入れれば、においはたいていなくなるとカルストーン氏は言います。犬を責めることなかれ――言い換えれば、すべては飼い主の責任、というわけです。

20

歯医者の治療室はなぜどこも、同じにおいがするの?

あの独特のにおいは、歯科治療学協議会の副書記であるケネス・H・バレル博士によると、「歯科医が治療の過程でよく使う芳香油が何種類か混ざり合ったもの」ということです。

実は、その多くは、われわれの身近にあるものの天然、あるいは合成の抽出物なのです。たとえば、歯科治療用の薬剤の多くに「しょうのう」が入っていますが、これは衣類の虫除けに使われる刺激臭のある物質ですし、一方では、タイムやクローブといったスパイス棚で見かける品々からの抽出物も存在します。

けれども、歯科医の診療室はどこも同じにおいだと思わせる物は、おそらく「オイゲノール」でしょう。オイゲノールは無色透明か、薄く色のついた液体で、クローブオイルの化学成分として欠かせないものです。

歯科医はクローブオイルあるいはオイゲノールの溶液を、ロジンと酸化亜鉛の混合物と合わせて、ゴムで歯型をとった後を守る湿布や一時的な接着剤として使います。オイゲノールはまた、消毒剤として根管治療などに用い、鎮痛薬としても重宝されています。この用途の広い液体は、ほかにも一時的な詰め物や印象（歯の陰型）、歯周炎の治療の後の矯正具などにも含まれています。

われわれはこの謎のおかげで、後にクローブ味のキャンディーやガムがなぜすたれてしまったのか、思い当たりました。かつては人気のあったこの味が拒絶されるようになったのは、無意識のうちにクローブを歯科医の診療室と結びつける感覚的な記憶のためだというのが、われわれの持論です。

21

ジョンのニックネームはどうしてジャックなの？

信じられない話ですが、この件に関しては丸々一冊の本が書かれています。E・W・B・ニコルスン著『ジャック、あるいはこれと似た名前の由来』という本がそれです（でも、書店で探そうとしても無駄です。一八九二年に出版されたものなのです）。Johnのニックネームとしての Jack の歴史は、長くて複雑に入り組んでいます。大方の人は、Jack はフランス語の Jacques から来ていると思っています。それならば、Jack は John ではなく James の略語であるはずです。ニコルスンもこの考えを挙げて、過去には Jack が Jacques あるいは James に相当する例がないと述べています。

Jackは実際には、Johannesから来ており、これが省略されてJehanになって、やがてJanになりました。さらにフランス語で、名前の短縮形によくつける接尾辞の-kinが加わって、Jankinとなるところなのですが、その代わりにJackinという新しい組み合わせが生まれ、それがさらに短くなってJackになります。つまり、Johannes→Jehan→Jan→（Jankin）→Jackin→Jackということです。

一四世紀までには、Jackは「男性」か「少年」の同義語として用いられ、その後も「水兵」の隠語として使われました（Jack in Cracker Jack＝「ピカ一の水兵」という具合に）。

一九世紀半ばには、Jackは洗礼名として一般的になりました。この状態は一九二〇年代にピークを迎えるまで続きます。そしてこの時点でJackの人気は、Jackに指小辞-ieのついたJackieに取って代わられます。当時の人気子役、ジャッキー・クーパーやジャッキー・クーガンのおかげでブームに拍車がかかったのです。Jackの女性形、Jacquelineは一九三〇年代に流行し、Jackieはしばらくの間、ユニセックスな名前となりました。その後、Jackは二度と優位に立つことはありませんでした。もっともアメリカが、Jackのニックネームを持つJohnという大統領ケネディを選んだときは、少し人気を回復しましたが。

22

テフロンには何もくっつかないというが、フライパンをテフロン加工するときには、どうやってテフロンを塗るの？

テフロンというのは、フッ素樹脂の商品名です。化学的には、ポリテトラフルオロエチレン（PTFE）と言い、耐熱性・耐薬品性・耐衝撃性にすぐれた合成樹脂です。テフロンの登録商標を持っているのは、アメリカのデュポン社です。フッ素加工が二層構造になっているテフロンだけでなく、三層構造になっているシルバーストーンもデュポン社の技術です。

今回の謎に答えてくれたデュポン社のG・A・クイン氏によると、テフロンもシルバーストーンもその塗布方法は、似たり寄ったりとのことです。

「金属製のフライパンをシルバーストーン加工するときには、まず粗くやすりをかけたフライパンに、下塗りのスプレーを吹き付けてから熱処理をします。その上に、合成樹脂のＰＴＦＥを塗って熱処理を施し、乾燥させ、さらにもう一度、ＰＴＦＥを塗布して同じ工程を繰り返します。ＰＴＦＥに付着させることができるのは、ＰＴＦＥだけなんですね。ですから、シルバーストーン加工の３段階のコーティング・プロセスによって、粗くやすりをかけてザラザラにしたメタル表面につけた下塗り部分とその上の二層のポリテトラフルオロエチレンとがはがれないよう、しっかり結合させるんです」

ちなみに、デュポン社が新たに売り出したシルバーストーン・スープラは、同様の三層コーティングによるものですが、従来のシルバーストーンの二倍の耐久性を持っているとのことです。

23

エミー賞の「エミー」は、誰の名前にちなんで付けられたの？

誰の名前でもありません。でも、エミーとは何なのでしょうか？　エミー賞（アメリカのテレビ芸術科学アカデミーが毎年、年間最優秀のテレビ俳優、放送作家、プロデューサーに与える賞）は、演劇界のトニー賞や映画界のアカデミー賞（オスカー）とは違って、人の名前にちなんで付けられたものではありません。

一九八四年、まだ活動を開始したばかりのテレビ芸術科学アカデミーの会長、チャールズ・ブラウンは、その年のテレビ界における優れた業績を選び出す委員会を設け、同時にその賞の名前とシンボルの案も出すよう求めたのです。

当初は、テレビ界の専門用語を賞の名前とする案が有力でした。まず「アイコノスコープ」（最初の実用的テレビ撮像管《さつぞうかん》）が最有力候補となりましたが、選考委員はこの名前が省略されて「アイク」（アイゼンハワー大統領の愛称）と呼ばれるようになるのを懸念して、取りやめました。テレビのあだ名として「ティリー」という案も出されましたが、これも却下されました。そこで、テレビ技術者の草分けで、後にアカデミーの会長（一九四九－一九五〇）となったハリー・リューブックが、「イメージオルシコン」（テレビカメラ電子管で、当時最先端の回路構成）のニックネームである「エミー」を提案し、賛同を得たのです。

受賞者に授与される彫像は、ルイス・マクマナスがデザインしました。マクマナスはアカデミーからゴールド生涯会員の権利を与えられるとともに、一九四九年一月二五日に開かれたエミー賞受賞式では六人の受賞者の一人として、この彫像を手にしました。マクマナスは受賞のために壇上に上がり、次のように言われたとされています。「ルイス、ほらここに……僕たちの子どもがいます。この子は、僕たちが死んだ後も後世に残るでしょう」。

そして実際に、イメージオルシコンが使われなくなった後も、「エミー」というニックネームは残ったのです。

24

なぜ顔の皮膚には鳥肌が立たないの？

あなたの顔には鳥肌は立ちません。これは誇るべき事実です。なぜなら、この事実は人間をチンパンジーと区別する数少ない特徴の一つだからです。

人間の体で鳥肌が立つのは、体毛のある部分だけです。体毛は人間を寒さから守るために存在しています。しかし、体毛だけで十分に寒さから身を守ることができないときは、毛根のところにある小さな筋肉が締まり、毛が逆立つのです。

毛皮で覆われた動物の場合は、逆立った毛が保護壁となって、冷たい空気がデリケートなはだを追撃するのをさえぎるのです。このようにして、体毛は動物を寒気から守っているのです。

　要するに、人類は体毛の多くを失いましたが、寒さから身を守るためには動物と同じような筋肉の収縮を行っているのです。だが、われわれはフサフサした毛皮の代わりに、むきだしの皮膚、もしくはまばらにはえている体毛のみで、寒さと闘わなくてはなりません。皮膚はその昔、毛を逆立てる目的がいくつかありました。しかし人間の場合、今ではそれ単独で寒さをさえぎるだけの役割になっています。

　このようなわけで、皮肉にも、オスのライオンが「鳥肌を立てる」とどう猛に見えるのに、人間が同じことをしても弱々しく見えるだけということになるのです。

25

華氏〇度とは何を意味するの？

アメリカ人なら誰でも学生時代に、華氏目盛の何度が何々と、いくつも数字を暗記させられた覚えがあるでしょう。

華氏三二度（摂氏〇度）が水の氷点、二一二度（摂氏一〇〇度）が沸点というのは誰でも知っています。そして、人間の平熱は野暮なことに、キリのよくない華氏九八・六度（摂氏三七度）です。

ちなみに、メートル法を採用している国々は温度の測定に関しては必ず、摂氏を選んでいます。摂氏〇度は氷点と一致します。

華氏目盛の考案者はドイツの物理学者、ガブリエル・ダニエル・ファーレンハイトです。彼はアルコール温度計と水銀温度計も発明しました。その目盛の分割の仕方は、一見任意に決められたもののように見えますが、必ずしもそうではありません。華氏〇度（摂氏マイナス一七・七度）は氷と塩を均等に混ぜ合わせたものの温度であり、一〇〇度（摂氏三七・八度）はもともと人間が平熱のときの体温とされていたのです。

しかし、ファーレンハイトはミスを犯していました。やがて、科学者たちはこの目盛が必ずしも正しくないことに気付き、平熱の目盛を九八・六度（摂氏三七度）まで下げたのです。

26

なぜドーナツには穴があるの？

ドーナツとその穴の正確な起源は謎に包まれた、論争の種で、われわれも二度ほどラジオのトークショーでパン屋さんたちの白熱した議論を耳にしたことがあります。正確な起源は分かっていませんが、いくつかの有力な説をご紹介しましょう。

油で揚げるタイプのケーキは、ほとんどの文化圏において存在しています。「先史時代のドーナツ」――化石と化した穴あきの揚げケーキ――は、太古のインディアンの諸部族の工芸品に交ざってたびたび発見されてきました。しかし、アメリカに穴のない揚げケーキを普及させたのは、一般にオランダ系移民だと信じられています。彼らが「オイリー・ケーキ」あるいはolykoeksと呼んでいたのが、それです。ワシントン・アーヴィングが植民地時代のニューヨークについて書いたものの中に、次のような描写が出てきます。「甘みを加えた生地をボール状にしてラードで揚げた、ドーナツあるいはoly koeksと呼ばれる料理」と。揚げケーキはニューヨークやニューイングランドで非常に人気を呼び、これを淹れ立てのコーヒーと一緒に出す店が雨後のタケノコのように出てきました。商品としてのドーナツが最初に売り出されたのは一六七三年のことで、ニューヨークのアンナ・ジョーラルモンという女性の手によるものでした。ミセス・ジョーラルモンは体重一〇二キロの巨体の持ち主で、「ビッグ・ドーナツ」の愛称で親しまれていました。

また、ドーナツの穴を「発明」したと広く信じられている男性は、ハンスン・グレゴリーという船長で、ドーナツ作りという仕事とはおよそ縁もゆかりもない人物です。おそらく、グレゴリー船長は嵐が来そうな夜に、舵取りをしながら揚げケーキを食べていたのでしょう。その後、両手で舵を操る必要が出てきた船長は、無意識のうちにケーキを舵輪の取っ手に刺したのです。このアイデアに我ながら感じ入った船長は、船のコックに命じ、それ以降、穴のあいたドーナツを作らせたのです。

ドーナツの穴の創造については、ほかにも多くの伝説が残っています。マサチューセッツ州プリマスには、最初のドーナツの穴ができたいきさつについて、さらに愉快な話があります。それは、酔っぱらったインディアンの勇士の射た矢が、台所の窓を通り抜け、揚げる寸前だった球状の揚げケーキの生地の真ん中にささり、穴をあけたというのです。ちょっといただけない話です。

しかし、穴の起源がどうであろうと、穴がなくてもおいしいドーナツは作れるのです。全米パン焼き協会のベーカリー・アシスタンス担当ディレクターのトマス・レーマン氏は、イーストの入ったドーナツは穴がなくても簡単にできると言い、その申し分のない例として、ジャムの入ったビスマルク・ドーナツを挙げました。けれども、レーマンはさらに付け加えて、イースト入りドーナツの作り方によくあるように、このビスマルク・ドーナツの表面だけを焼こうとすると、穴のない生地は膨らみすぎて、ボールのようになってしまうのです。このため、パン屋さんの多くはたっぷりの油の中で揚げる方法を好むのです。その方がより均等で形の整ったドーナツができるからです。

ベーキングパウダーなどで化学的に膨らませるドーナツも、穴なしで作ることはできますが、ドーナツ作りのエキスパートの多くは、穴がないと望むような軟らかさが出ないと信じています。

ダンキン・ドーナツのプロダクト・マーケティング担当ディレクターのグレン・バチェラー氏は、なぜ穴が重要なのか、次のように説明しています。「穴がないと、ドーナツ全体に熱が回りにくく、中が生焼け状態になってしまいます。そうならないようにするためには、長い時間をかけて揚げることが必要ですが、そうすると、今度は外側が焦げてしまうのです」。

27

新聞を破るとき、縦にはすんなり裂けるのに、横に裂こうとするとギザギザとふぞろいになってしまうのはなぜ？

新聞用紙は多数の樹木の繊維からできています。この繊維は、八〇〜九〇パーセントが水分のドロドロしたパルプ状態で製紙機にかけられ、機械の中で乾燥されて用紙となります。そして製紙機は繊維を一定の方向に並ばせるように設計されており、その結果、紙はその方向と垂直の向きには切れにくくなります。

一方向に繊維が並ぶことによって、印刷中に紙が切れるトラブルも避けられます。スクリプス・ハワード社の新聞部門の生産技術担当ディレクター、ラルフ・E・イーリー氏は言います。「スタンダードサイズの新聞は、傷んでいない用紙に、すべて縦方向に印刷されます。たった一個所ほころびただけでも、印刷過程全体が危うくなります。悪くすると、金と時間がかかるだけでは済みません」。

言い換えると、完成した新聞には、肉やリネン地のように筋（紙の目）ができるのです。同じように、敷布を裂こうとすると、一方向には裂けにくいのに、もう一方向には簡単は裂けることにお気付きでしょう。

だから、新聞を縦に裂こうとするときは、この筋と一緒に、もっと正確に言えば筋と筋の間を裂いているのです。同じ原理が、トウィズラーズの甘草キャンディーを食べるときにも当てはまります。筋に沿って裂こうとすると簡単ですが、横に裂くのは、映画「コナン・ザ・グレート」でアーノルド・シュワルツェネッガーが演じたコナン級の人間でなければ無理なのです。

28

なぜ飛行機の中では足がむくむの？

われわれは二人の航空医学の専門家と話し合いましたが、いずれの答えも、機内での気圧の変化によって足が膨張するという根拠はないということでした。そして二人とも、足の膨張は、地上での場合と同じ理由――つまり、動かないことによって起こると明言しました。

人体の器官の中でポンプの役割を果たすのは心臓だけではなく、脚の筋肉も同様の働きを行っています。歩いたり、脚を曲げたりすることによって、この働きは促進されます。ところが飛行機の中では、脚を動かすことができないばかりか、床に対して垂直にした状態のまま座り続けなければなりません。こうして長時間、筋肉を活動させることなく座っていると、重力の働きで血液や体液が足に集まってしまうのです。

その間、靴を履いていようと脱いでいようと関係はありません。靴を履いていれば外部に対して足は保護されていますが、血液の循環が妨げられてきつく感じるようになります。一方、靴を脱いでいれば足は楽かもしれませんが、再び靴を履こうとするときに苦労することになります。靴ベラを持って飛行機に乗り込む人は滅多にいません。

足に体液が集まるということは、バスや電車の中、あるいはオフィスでもよく起こります。たいがい、足は一日を過ごすうちに膨張していくものなので、アメリカ足病学協会は靴を買うときは午後の中ごろに買いに行くことを薦めています。人にもよりますが、朝起きたときと午後とでは〇・五〜一センチメートル分、足が大きくなっていることが多いのです。

それでも足の膨張が気になる人は、「機内エアロビクス」をしてみたらどうでしょう。大型機なら、機内の通路を二、三周するだけで、足には驚異的な効果が現れ、また、体に良くておいしい機内食への食欲も増すはずです。

29 Xmasがクリスマス（Christmas）を表すようになったのはどうして？

このどちらかというとくだけたXmas の使い方は、この祝日がいかに商業主義的になり、宗教的な意味を失ったかということを示す典型的な例として、よく持ち出されます。

Xmas のXは、実際はギリシャ語でChの音を表す文字から来ています。ギリシャ語ではXΡΙΣΤΟΣ（Christos と読む）と書いて、Christ を意味するのです。西暦一一〇〇年には、Xという文字がキリストを表すようになっていました（どの辞書を見てもそう書いてあるはずです）。

そもそも、Xmas という言葉が最初に文献に登場したのは、一五五一年のことです。言語学の専門家であるエリック・パートリッジ（イギリスの辞書編集者・著述家）は、学者がChristianity（キリスト教）の省略形として、Xianityを用いたと指摘しています。

今日では、Xmasと書くのは人々に粗野な、ものを知らない印象を与えるものとして嫌われており、事実上、宣伝文句や横断幕にしか使われなくなっています。

たとえば、ニューヨークタイムズの用字用語集でも、Xmasを使うのが許される場合として、次のように簡潔なアドバイスをしています。「決して使わないこと」。

30

ラジオのボリュームを上げると、電池の減りも早くなるの？

まさにその通りです。

エバレディ・バッテリー会社のマネージャー、B・G・メリット氏が、この解答を裏付ける証拠となった研究について語ってくれました。

「われわれは最近のテストで、大手メーカーのダブルカセット『ブームボックス』の、Dサイズの電池を六個使うものを扱いました。ボリュームを最低から最高までセットしてそれぞれ使った結果、『ブームボックス』を動かすのに必要な電力は、ボリュームを最高でセットしたときに、最低でセットしたときよりも、三倍も多くかかったのです。この電力の増加は直接バッテリーの寿命に変換されるので、最大のボリュームでかけると、ボリューム・ゼロのときに比べて、電池の寿命は三分の一になってしまいます。ここで言っている電力の増加というのは、スピーカーを作動させるのに必要なのです。ほかに比べると、持ち運びに便利なパーソナル・ステレオカセットプレーヤーの消費電力は、ボリュームをゼロから最大に上げると、三〇％増えます。つまり、このプレーヤーの場合、電池の寿命は三〇％減るだけなのです」。

ラジオシャック（全米に販売網を持つ家電製品販売業者）の電池の専門家であるドン・フレンチ氏も、エバレディ・バッテリー会社の研究成果を裏付けています。彼の見積もりでは、ポケットサイズのラジオを最大ボリュームでかけるのは、最低のときに比べて少なくとも二〇〇％のバッテリーを食うと言います。フレンチ氏は、どんなに小さいラジオでも、電力を必要とするアンプが備わっているからだと指摘しました。

五〇ワットを要するホームステレオでも、二〇〇ミリワットのポケットラジオでも原理は同じで、電力を必要とすればするほど、電気を食うのです。

31

バナナはなぜ上向きに実がなるの？

ほかの果物と違って、バナナがどんなに不規則な育ち方をするかを知れば、スーパーマーケットで傷だらけのバナナを見かけても、少しは寛容な気持ちでいられるのではないでしょうか。

バナナは見かけは大きいのですが、本当はユリやラン、シュロなどと生物学上では同じカテゴリーに属する植物です。また、バナナは木質の茎を持たない最大の植物で、その茎は九三パーセントが水分からできています。そのため、バナナは一年間に約四・五メートルもの高さにまで成長しますが、ちょっとした風が吹いただけですぐに折れてしまうことがあります。

果実の生える茎、すなわち房は、地面の近くから育ち始めます。この段階では、バナナの房はすっかり包葉《ほうよう》に覆い隠されています。一つひとつのバナナの「果指」（一本のバナナを意味する専門用語）は、上に向いています。房あるいは芽が「偽茎《ぎけい》」と呼ばれる堅く閉じたさやの中から伸びていく間も、果指は上を向いたまま一番上にまで達します。

バナナは偽茎を強く圧迫します。したがって、果実がふくらむ前に、それを包んでいる葉は幹の中で自然にほどけていきます。葉から果実が出た後は、果指は下に向くようになりますが、それは単にそれらを取り囲んでいる芽が方向を変えるためです。

バナナの房がすべて熟して、さやからすっかり出てしまい、下を指すようになると、房を包んでいる包葉が落ちて果実がむき出しになります。この時点でそれぞれの花が急速に成長し、ふくらんでいきます。これが次第に重くなっていくために茎は曲がり、房についている一つひとつの果実は、七日から一〇日で上を向くようになります。

チキータバナナのペドロ・ソール博士の指摘によると、かつて「原始的なバナナは穂を出す植物の種と同じく、上を向いて成長していった」と言います。

では、現在のようにバナナが上を向いたり下を向いたり苦労を重ねて成長していくことには、何か納得できるような理由があるのでしょうか？

ドール・フレッシュフルーツ社のジャック・D・デメント氏は、その答えは古くからの野生のバナナにあるとしています。「花弁はそれぞれの果実の先端にあります。この花弁は『商品として』箱詰めされるときに取りのぞかれますが、果実が成長していく間はずっとそこにあるものです。バナナが上を向くと、花弁は昆虫や蜜を食べる鳥やコウモリを迎えるために広がります。普通はそうした生き物がこの蜜に集まることで、その実の受粉が行われます。けれども、現在の商品としてのバナナは子孫ができず、滅多に、決してと言ってもよいくらい、成長できる種を残しません」。

デメント氏の理論によると、商品としてのバナナが上に向かって育っていくのは、生き残るためには上を向いていなければならなかった祖先から受け継いだ特徴だということです。

たぶん、これから二〇万年も経てば、自然淘汰《とうた》が働いてバナナの成長の仕方もずっと単純なものになるでしょう。

32

一般に、女性の声の方が男性の声よりも高いのはなぜ？　また、背の低い人の方が高い人よりも声が高いのはなぜ？

発声機能の専門家であるアリゾナ大学のダニエル・ブーン教授が、次のように答えてくれました。「基本的な振動数または声の高低のレベルは、個人の声帯の長さや厚さと直接の関係があります。平均的な男性の声帯の長さはおよそ一八ミリです。これに対し、女性の場合は一〇ミリで、声帯が短い方が一般的に高い声が出るのです」。

男でも女でも、同性同士の場合、背の高い人の方が低い人の方よりも長い声帯を持つことが多いのです。

33

トイレのシートカバーは衛生上、バイキンから守ってくれているの？

われわれがトイレのシートカバーの有効性に疑いを持ち始めたのは、あるとき一つの疑問が浮かんだからです。それは、なぜ家庭用にこのトイレのシートカバーが売られていないのか、ということです。このカバーが使われているのは公共のトイレだけです。おそらく、その役目は病原菌への感染を防ぐというよりも、どこの誰とも分からない人物が使った後のシートに自分のお尻を乗せなければならないという、心理的抵抗を和らげるためではないかと思いました。

専門家に確かめたところ、われわれの思った通りでした。性病はトイレの便座から伝染することは決してなく、それはほかの病気でも同じことでした。ヘルペスのウイルスが便座の上で「ごく短い時間」だけ生き延びている「可能性」があるという報告もされていますが、アメリカ結腸・直腸外科医協会の幹事J・バイロン・ギャスライト・ジュニア氏の言葉は、われわれが話を聞いたほかの医者の声を代弁しています。「トイレの便座から病気に感染したという、科学的な証拠はどこにもありません」。

34

船員はなぜベルボトムのズボンをはくの？

このような習慣が始まったことに何か特別な理由があるのかどうか、誰もはっきりとは分からないのですが、有力な三つの理論をご紹介しましょう。

1　すそが広がっているので、ブーツが履きやすくなります。船員は昔から眠るときにはブーツをベッドの脇に置いたままにしています。このズボンだと、緊急の事態が起こった場合にも時間を無駄にすることなく、すぐに足をブーツにつっこむことができます。船員がデッキにいるするときに、ブーツがズボンのすそですっかり覆われていると実際的な利点もあります。ブーツに水しぶきや雨が入ってこないのです。

2　ベルボトムのすそはまくり上げるのが簡単です。船員は有害な化学物質を使って作業をすることがあり（たとえば、苛性《かせい》アルカリ溶液でデッキを研《みが》いたりします）、すそをまくり上げればズボンがその薬品で台無しになってしまうということも防ぐことができます。また、船員が岸まで水に浸かって歩かなければならない場合にも、ベルボトムは簡単にひざの上までまくり上げることができます。

3　船員が船から落ちたときには、ベルボトムは普通のズボンと比べて、脱ぎ捨てやすいのです。また、すそがゆったりとしたベルボトムは、水中でブーツを脱ぐのにも都合がよいのです。

新兵訓練所の船員は、ベルボトムのもう一つの使い道を教えられます。足首の部分を縛ると、ベルボトムはかなりの量の空気を貯めておくことができるので、浮き輪代わりになるのです。

35

なぜ砂糖は腐ったりカビが生えたりしないの？

ほとんどすべての生物はたやすく砂糖を消化できます。では、なぜ砂糖は小麦粉をはじめとする主要食品のように腐敗しないのでしょうか？

砂糖には水分がほとんどないため（平均しておよそ〇・〇二パーセント）、カビを発生させる微生物を乾燥させてしまうのです。

アムスター社スプレッケル部の副社長であるジョン・L・ケルバーグ氏は次のように説明しています。「水の分子が微生物から放出される速度の方が、取り入れられる速度よりも速いのです。ですから、砂糖の中ではその微生物は干からびて死んでしまうのです」。このようなわけで、砂糖に含まれる水分が少ないため、腐敗を引き起こすような化学反応も起こりません。

しかし、水に溶かされた砂糖は全く無防備になってしまいます。砂糖水の濃度が薄ければ薄いほど、その中には酵母菌やカビが発生しやすくなります。二、三日間かなりの湿気にさらされると、砂糖は水分をたっぷり吸収してしまい、腐ったりカビが生えたりするでしょう。

砂糖を密閉した容器に保管しておけば、湿気が多いところでも水分の吸着を防ぐことができます。温度や湿度の変動に影響されない環境で保存されたなら、砂糖の水分は〇・〇二パーセントのレベルを保ち、いつまでも保存しておくことができます。

36

歯のおやしらずは、どんな役割があるの？

おやしらず（第三臼歯とも呼ばれる）は、歯科医にとって重要な役割を担っています。歯科医は、おやしらずを抜くことで報酬を得ているからです。これ以外には、おやしらずは現代人にとって無用のものと広く思われています。

しかし、自然がわれわれに無用の器官を与えるなどということは、滅多にないことです。そこで、ちょっと詳しく調べて、満足のゆく答えをさがしました。

大昔、原始人は非常に硬い肉を食べていました。それに比べると、現在われわれが食べているビーフジャーキーなどは、まるでマッシュポテトのように感じてしまうでしょう。

しかし、口の奥にあった、このおやしらずと呼ばれている一揃いの臼歯は、われわれの祖先が食べ物をかみ砕くときに明らかに役立ったはずです。

人類が進化するにつれて、脳が次第に大きさを増したために、顔の位置はより下方へ、そして内側へと移動することになりました。さらに、原始人が完全に直立した姿勢で歩行するようになったころから、顔の構造には、また別の変化が起こりました。初期の人類に特徴的だった飛び出したあごの骨が、次第に後退し、あご自体が短くなり、おやしらずがあるべき場所がなくなってしまったのです。このようなわけで、ほとんどの現代人のあごには、余計なものとなってしまった、四つものおやしらずを収める余裕は、もはやないのです。

37

人はなぜ自分の体臭は気にならないの？

気配りが細かいのに、自分の体臭となると他人に迷惑をかけても平気でいるという人が多くいます。きっと、そうした人は自分（または着ている服）が悪臭を放っていると気付いていないに違いありません。もし気付いていれば、それなりの対応をするはずです。違うでしょうか？

そう、その通りです。人間はほかの動物に比べて臭覚があまり発達していないのです。アメリカ鼻科学協会の事務局長のパット・バレリー氏の話では、「臭覚神経はにおいのあるところではすぐに『疲労』してしまう」ということです。においの情報過多からくる負担を軽くするために、われわれの神経組織は、大きな変化がない限り自分の体臭を「感じようと」さえしなくなります。たとえ、体がいつも春の花のような香りをしていても、昨夜からテーブルにある残飯のようなにおいがしていても、たぶんそれには気付かないでしょう。それは、他人の体臭にはよく気が付く人であっても同じです。

ペンシルベニア大学のモネル研究所の所長、モーリー・ケア博士は、この疲労原理はほかの多くの感覚についてもあてはまると付け加えています。たとえば、自動車工場の労働者は機械の騒音を意識から排除することを身に付けなければなりません。さもないとうるさくて気が変になってしまうかもしれません。また、ペンシルベニア州ハーシー（Kit-Katなどの商標で知られる全米有数の菓子メーカーの本社がある町）の住民は、町に漂うチョコレートのにおいに気付かなくなっています。

学生も、学校のカフェテリアで出される何種類かの料理の味を区別できなくなっていることが多いのです。もちろん、こうした現象は、カフェテリアのどの料理も実際に味が似たり寄ったりであるためなのかもしれませんが、この理論の確証を得るためには、政府の補助金が必要でしょう。

38

なぜほとんどの家は白いペンキで塗られているの？

アメリカのほとんどの住宅は、いつも白いペンキが塗られてきました。ペンキを塗るのは美観のためでもありますが、第一の用途は保護剤として使うというものです。白はほかの色よりも長持ちすると考えられていましたが、これほどまで白が好まれるには歴史的な原因もあるのです。白は古代ギリシア・ローマ建築を思わせるのです。さらに、ピューリタンは色彩をぜいたくで軽薄なものと見ていました。白の「真面目さ」は一九世紀の中頃になるまでアメリカ人の心をとらえていたのです。

ところが一八四二年、アメリカ人建築家のアンドリュー・ジャクソン・ダウニングは住宅に白い色を使うことに対して攻撃を始めました（当時のアメリカの住宅の多くは白く塗られ、引き戸は緑色でした）。

「ただ一種類の色だけが住宅の塗装に使われてきました。この不釣合いで趣味の悪い色にわれわれは全面的に抵抗していかなければならないと感じるのです。その色とは白です。この色はどんなサイズやデザインの木造住宅にも広く使われてきました。この色は光が当たるとまぶしく、やわらかな緑の草木と並ぶと、調和のとれた色彩に慣れている者の目には、この上もなく不快に映るのです。アメリカにこのような色の住宅が増えていくと、いくらかものの分かった人でもその悪影響に気付かなくなってしまうのです」。

ダウニング氏は白ではなく、やわらかなアースカラーをもっと取り入れるのが一番だと主張しました。彼の美学思想は一時期、影響力を持つようになりましが、それは塗料業界がさまざまな色合のペンキをあらかじめ混ぜ合わせ、全国に安全に輸送できるようになったことが関係しています。

一九世紀も終盤になって、白い家が再び流行しました。それから今日まで住宅の色に対する好みは何度もはやりや廃れがありましたが、白だけは一度も時代遅れになったことがないのです。塗料の専門家を対象とした調査の結果、白がもっとも好まれる色であり続けているいくつかの理由が判明しました。

1　白を選んでおけば大きな失敗をすることがありません。「大胆な」色を使わないためにスマートでないと思われることはあっても、やぼったいと言われることは絶対にないのです。ダッチボーイペイントの色彩スタイリストであるシャリ・ヒラー氏は、これがもっとも白が好まれる理由だと考えています。

「私は会社の色見本カードを制作する中で、家主は家の外側に使う色についてのアドバイスを非常に欲しがっていることが分かりました。そうした人たちに答えを与えて、パンフレットや写真を見せ、色はもっと気楽に選んだらどうですかという提案をするようになれば、次第にほかの色がもっと使われるようになってくるのでしょう」。

2　白には清潔さ、平和、力、純粋さという、好ましいイメージがあります。

3　白は標準となっている色です。黒の衣装と同じように、白は決して廃れることがないでしょう。それに、われわれの大統領が住んでいるのは「ピュース（褐色）ハウス」ではありません。アメリカの主な記念碑の中で白くないものといえば自由の女神くらいでしょう（もちろん、自由の女神はフランスから輸入されたものです）。

4　白はほかの色と組合せやすいのです。白はどんな色のよろい戸とも、またどんな屋根の色ともよくマッチします。

39

ムチを振るとなぜピシリと音がするの？

ムチを振るときのスピードは、時速一一二六キロメートル以上にも達していて、音速を超えているのです。あのピシリという鋭い音は、小型のソニックブーム（超音速の飛行機などによる衝撃波が地上に達して生じる轟音《ごうおん》）なのです。

40

アルミホイルはどうして片面に光沢があって、その裏面には光沢がないの？

われわれの個人的な友人というわけではありませんが、以前、大の大人たちがレイノルズメタルズ社製アルミホイルの光沢がある方で食物を覆うべきか、それとも外側に向けるべきか議論したことがありました。

レイノルズメタルズ社の人々によると、レイノルズメタルズ社製アルミホイルのどちら側を使おうと、たいした違いはないそうです。それぞれの側には光の反射率の点でわずかな違いがありますが、その違いは非常に小さく、実験室の観測装置でしか測ることはできません。レイノルズメタルズ社の消費者サービス部の代表であるニッキー・P・マーチン氏は、多少宣伝っぽいところはありますが、次のように簡潔に答えてくれました。「どちらの側を使っても、ちゃんと熱い料理は熱く、冷たい料理は冷たく、水気のある料理や乾燥した料理もそのままに、どんな料理も長期間新鮮に保存されます」。

アルミホイルも最初は大きくて硬いアルミの塊です。その塊は、パイの皮のようにのばされて一枚の長くて薄いシートになります。レイノルズメタルズ社製のアルミホイルの両面の仕上がりが異なるのは、製造工程の止むを得ない結果であって、わざとそうしているわけではありません。マーチン氏は次のように説明しています。

「圧延の最終段階で二枚のアルミホイルが圧延機の中を同時に通っていきます。そして、その機械のきれいに磨き上げられた鉄製ローラーと接触する面には光沢が生まれるのです。その裏側の、アルミホイル同士が面している方は、磨き上げられたローラーとは接触しないので、つやが出ません」。

41

紙による浅い切り傷が、それよりも深い傷より痛く感じるのはなぜ？

紙での切り傷の方がずっと痛く感じるのは、心理的な影響が大きいからではないでしょうか？　血も出ないことが多い小さな傷が、実際のところ、そんなに痛いわけがないのではないでしょうか？

感覚神経の末端は皮膚の表面近くにあり、紙で傷がつくことの多い手には、身体のほかのどの部分よりもそうした神経末端が集まっています。

ジョージア皮膚科学・皮膚癌クリニックのジョン・クック博士は、紙で切った小さな傷は、「これらの神経末端を刺激しますが、深い傷を負ってはいません」と言っています。ただ、神経末端を破壊するほどの傷はやっかいな問題を生むことがありますが、紙で切った傷よりも痛みは少ないことがあります。

クック博士とアメリカ皮膚科学協会のエリオット博士はまた、人は大きな傷だと手当をしても、紙で切った傷ぐらいでは手当をしないことが多いようだと指摘しています。どんな傷ができても、皮膚は乾燥して傷口が開き、神経末端がむき出しになります。すると傷は石けんや水、汗、泥などの異質な物質にさらされます。紙による切り傷の上にばんそうこうを貼っても、傷の治りが必ずしも早まるわけではありませんが、傷口には湿気が保たれて痛みも和らぐことでしょう。

42

なぜ蛇は舌を出したり引っ込めたりするの？

動物園で蛇を見ている人は、は虫類が舌を出していると、身の危険に気付かない獲物に今にも襲いかかろうとしているのだと考えてわくわくしています。しかし、その舌にはまったく危険がないのです。蛇は舌を針のように刺すことはないので、枝別れした舌を武器として使うことはありません。

舌は蛇にとって大事な感覚器官の役目を果たしているのが本当のところです。は虫類は舌を使って食物をさぐりながら（ちょうど釣り師が釣り糸を垂らして、よい結果を期待するように）、地面を這って進んで行くのです。舌がにおいや味を感じるわずかな物質を取り込むと、食料のある方角に注意が向けられます。

いくつかの研究結果によると、蛇の舌は音の振動も敏感に感じ取り、獲物や捕食動物が近付いていることを判断しています。

43

入浴の後、手足の皮膚にしわができるのはなぜ？　しわは、どうして手足にだけできるの？

見た目とはうらはらに、入浴した後の皮膚は、しぼんでしまっているのではなく、実際には膨張しているのです。

指や手のひら、足の指、かかとなどにしわができるのは、その皮膚が水をたっぷり吸ってしまったときです。角質層と呼ばれる皮膚の厚くて硬い層は、外界からわれわれの身体を保護しており、そのために手や足の皮膚は腹部や顔面の皮膚よりも硬くて厚くなっています。この部分が水に浸されていると、膨張してくるのです。そしてこの膨張が、しわとなって表れるのです。

では、なぜ身体のほかの部分は水分を吸収しても、手足のように、しわができないのでしょうか?

実際には、しわができているのです。ただ、そうした場所は水分を吸収できる面積が大きく、皮膚の層も薄いので、目立たないだけなのです。われわれが話をしたある医師によると、蒸れたブーツを長い時間はいていた兵士の足は、ブーツで覆われていた部分全体にしわができるとのことです。

44

耳の中で鈴が鳴る音がする原因は何？

実際に鈴の音が鳴っているのでなければ、その音は耳鳴りのせいです。耳鳴りがしている人は外部に音源がないのに、音が鳴っているのを感じるのです。われわれの大部分は耳鳴りを感じることはありませんが、三千万人のアメリカ人が慢性的な耳鳴りに悩まされていると言います。耳鳴りは一つの症状であって、病気そのものではありません。聴覚神経をかく乱するものは、何でも耳鳴りを起こす可能性があります。聴覚神経の機能は音を伝達することなので、原因が何であれ神経が刺激されると、脳はその刺激を雑音として受けとめるのです。

一時的な耳鳴りの原因として多いものに、次のものが考えられます。

1　大きな音に対する反応

2　肉体的あるいは精神的ショックによる、激しい動揺

3　薬物に対するアレルギー反応

3の場合、アスピリンは薬物の中でも一番多く耳鳴りの原因となっています。たとえば、一日に二〇錠以上のアスピリンを服用する人は急に耳鳴りに襲われることが多くあります。幸い、この症状は服用を止めるとたいてい消えてしまいます。

これらの一時的な耳鳴りの原因に対して、慢性的な耳鳴りの原因はさまざまです。代表的なものを挙げてみましょう。耳あかによる外耳の閉塞、耳のどこかの部分の炎症、薬の飲みすぎ、電話の使いすぎ、急なめまい、栄養不足（特に微量鉱物の不足）、耳の筋肉の痙攣《けいれん》、感染、アレルギーなどです。

慢性的な耳鳴りに悩む人は、やっかいなブンブンいう音と付き合っていかなければならないだけでなく、聴力まで失ってしまうことが多くあります。残念なことに、この症状に対する簡単な治療法はありません。

栄養が耳鳴りの治療にどんな役割を果たすのかについて盛んに研究がなされていますが、今のところ、重点は患者にその症状とどうううまく付き合っていくかを教育することに置かれています。たとえば、耳の中の音を和らげるための装置も市販されています。このやっかいな音から患者の気持ちを紛らわすために、催眠術やバイオフィードバック（生体自己制御。生体の計測データをもとに自分の体調を制御する手法）などの技術が使われています。

耳に関する問題は、医学的に人目を引く問題ではないかもしれませんが、その症例は非常に多くあります。ロサンゼルスの耳鼻咽喉《じびいんこう》科グループによって作成され、ハウスイヤー研究所から出された小冊子では、次のように述べられています。「ほとんど知られていないことですが、アメリカ人の肉体的な障害の中で、もっともその数が多いのは聴覚の喪失です。その患者数は心臓病、ガン、視力障害、肺炎、多発性硬化症、性病、腎臓病を合わせた患者数よりも多いのです」と。

45

鳥の排泄物は白い色をしているが、その中にある黒い点のようなものは何？

鳥類学者に、この黒い点の正体を聞きに行って来ました。

黒い点のようなものは鳥の糞便で、白いものは小便なのです。鳥の場合、糞便と小便は一緒に貯められ、同じ穴から同時に排泄されます。糞便が排泄物全体の真ん中にあることが多い理由は、小便に粘り気があって糞便にからみついているからです。

46

なぜ年配の女性は髪を青く染めるの？

一九六〇年代、髪の毛を染めたり漂白したりして、淡い色にするのがはやったことがありました。髪を青く染めている年配の女性の中には、今ではすっかり廃れてしまった流行にこだわり続けている方がいるのかもしれません。

しかし、大部分の女性が青のリンス（毛髪用染料などではない）を使う理由は、グレーの髪や白髪の見栄えを悪くする黄色ばんだ髪に対処するためです。青は黄色を隠すのに役立つのです。

もっとも、年をとることだけが髪が黄色くなる原因ではありません。いくつかの整髪料に含まれる化学物質が黄ばみを起こすことがあります。しかし、一番の原因は煙です。美容師のリチャード・レバック氏は、人は年をとるにつれて髪の毛に穴が多くあくようになると、われわれに教えてくれました。煙は毛髪を覆い、髪の毛の芯に染み込んで、黄ばみを起こすのです。

レバック氏はさらに、髪の毛を青にして美容サロンから出てくる女性は、わざわざそうしているのではないとも言っています。青のリンスは一九六七年ごろに比べると色がだいぶ薄くなっています。もし青がはっきり見えるようだったら、美容師の腕がよくなかったということです。

皮肉なことに、ニューウェーブ・ミュージックのおかげで、青い髪は最近若い女性の間で人気復活の兆しがあります。また、シンディー・ローパーという手本がいるので、原色を使ってもよいのでしょう。

47

死んだ鳥をあまり見かけないのはなぜ？

われわれは毎日何羽もの鳥を見かけますが、死んだ鳥といえば車にひかれた鳥をときたま見かけるだけです。どうして自然死した鳥を一羽も見かけないのでしょうか？ 鳥は飛んでいる間に、卒倒してしまうことはないのでしょうか？ それとも、鳥にはどこか決まった死に場所があるのでしょうか？

意外なことですが、鳥は死ぬためにどこかに飛んでいくことはありません。死んだ鳥を見かけない理由は、鳥の死骸はほかの動物によって、たちまちのうちに掃除されてしまうためです。これは残酷な話だと思われますが、鳥類専門家のスター・サフィアー氏の意見は異なり、むしろ、それは自然界の効率の良さを示すものだと考えています。鳥が死ぬと、それは貴重なエネルギー源となります。猫や犬、ネズミ、昆虫、そしてバクテリアまでもがそれを食べます。

また、サフィアー氏はバードウォッチングに出かけたときの話をしてくれました。彼女は行きがけに、完全な形で死んでいる鳥が地面に横たわっているのに気が付きました。ところが、一時間後、帰り道で同じ場所にさしかかると、死骸のあらかたはすっかりなくなっていたと言います。自然界でも都市でも、ほとんどの鳥の死骸は二四時間以内には羽毛だけの塊となってしまうことでしょう。

アメリカ鳥類学者連盟の副会長のリチャード・C・バンクス氏がわれわれに語ってくれたところによると、氏は実際に自分で見たわけではありませんが、飛行中に死ぬ鳥もわずかながらいるようです。そのようなことが起こりうる可能性が最も高いのは、大洋を越えて飛んでくる渡り鳥でしょう。近くに食料となるものもなく、着陸して羽を休める場所もないからです。ただし、病気の鳥ははじめから飛び立とうとはしないのが普通です。

48

飛行機の中で、鼓膜《こまく》が圧迫されて不快に感じることがあるが、それが上昇中より高度を下げているときに多いのはなぜ？

耳は次の三つの部分からなっています。

1　外耳《がいじ》：外から見える部分と鼓膜《こまく》につながる外耳道が含まれます。
2　中耳《ちゅうじ》：鼓膜、耳骨（小骨）、鼓膜の内側と乳突洞の空間が含まれます。
3　内耳《ないじ》：聴覚と平衡感覚をつかさどる神経末端が含まれます。

このうち、中耳こそ、航空機の乗客を悩ませる元となっている部分です。というのも、一つには、この部分が気圧の影響を受けやすいエアーポケットとなっているからです。地上にいるときに何かを飲み込む動作をすると、耳は小さなカチッという音、あるいは何かが弾けるような音を立てます。この音は、わずかな空気が鼻の後部から耳管《じかん》（エウスタキオ管）を通り、中耳へと流れ込んでいったことを示すものです。アメリカ耳鼻《じび》咽喉《いんこう》学会では、こう説明しています。

「中耳にたまった空気は、粘膜状の裏打ちによって常に吸収されていますが、飲み込む動作によって新しい空気が耳管を通じて絶えず補給されます。このようにして、鼓膜の外と内側とで空気圧がほぼ等しく保たれるのです。空気圧が等しくない場合には、耳に何かが詰まったように感じることになります」。

耳管がふさがると、中耳には空気が補給されなくなります。その結果、残っている空気は吸収されて真空状態が生まれ、鼓膜は内側に引き込まれます。耳管が詰まると、聴覚が失われたり、痛みを感じたりすることがあります。

空気の通りがよく、正常に機能している耳管ならば、飛行中も悩まされることはありません。十分幅が広く、何度も開くことのできる耳管は、刻々と変化する気圧の影響を、和らげることができます。飛行機に乗って上昇しているときは、次第に気圧が下がっているので、中耳の中の空気は膨張します。つまり、耳管は自動車のフラッターバルブ（圧力調整弁）のような働きをしていると言えます。上昇中には、耳の中にある空気は管からスムーズに外へ出され、何の問題も起こらないのです。

これに対して、飛行機が高度を下げている場合は、だんだん周囲の気圧が高くなります。中耳は急速に真空状態となってしまうので、耳管の膜質部から空気を取り入れることが難しくなります。連邦航空局の航空医療部に勤務するアンドリュー・F・ホーン博士によると、鼓膜の膨張音は、耳管の弁が開閉するときに起こります。上昇中は、空気が耳管をスムーズに流れますが、高度を下げると、空気は耳管の膜質部と押し合いをしなければならなくなります。こうして、空気の流れが遮断され、鼓膜の内と外の気圧を平衡させるのに長い時間がかかるのです。

パイロットは、気圧の変化に対応する方法を訓練しています。また、何かを飲み込むという簡単な動作で耳管は開くので、ガムを噛んだりあめをなめたりすることを、離着陸時の儀式にしている乗客も多くいます。あくびをすることは、それよりも効果的です。というのも、あくびの動作は、飲み込む動作よりも耳管を開く筋肉を激しく引っ張るからです。

飲み込んでも、あくびをしても効果がないときは、アメリカ耳鼻咽喉学会は次の手順を試してみることを勧めています。

1　まず、指で鼻をつまんで息をふさぎます。
2　口一杯に空気を吸い込みます。
3　頬《ほお》と喉の筋肉を使い、鼻の後ろのあたりに空気を送り込みます。このとき、鼻をつまんでいる指を吹き飛ばすような気持ちで力を込めます。
4　耳に大きなポンという音がしたら成功です。ただし、飛行機が高度を下げ始めたら、この手順をもう一度繰り返さなくてはならなくなるかもしれません。

49

イエバエは冬の間、どこにいるの？

たいていは天国に行っています。一部のハエは冬を生き延びますが、それも非常に好運な条件が重なったときだけです。たとえば、納屋や人間の住居の中に隠れることができて、食料となる十分な有機物と繁殖に適した暖かさが手に入る場合です。

理想的な環境があっても、赤道以北に分布するイエバエの通常の寿命は、およそ一週間から三週間です。この種の昆虫の寿命を左右する最も重要な要素は、適度の気温です。ハエは気温が氷点下、あるいは非常に暑くなると、ばたばたと死んでしまいます。

ハエは、少し涼しいくらいの温度で最も長生きするというのは事実ですが、それは活動が減るためで、繁殖力という点では、気温が暖かく、食料が豊富で、湿度が適度にある場合が理想的な環境といえます。冬という季節は、そうした好ましい条件をハエから奪ってしまうので、ハエは自分が死ぬだけでなく、子孫を残せないことになってしまうのです。アメリカ農務省の見解では、秋から春まで生き延びたイエバエは見つかっていません（これはもう一つの謎、「春にはどうしてイエバエをほとんど見かけないのだろう？」という疑問への答えとなっています）。

では、イエバエはどのようにして子孫を残すのでしょうか？　たいていの人は、ハエも冬の間、ほかの昆虫と同様に冬眠したりして活動を停止すると信じています。しかし、この説は誤っています。私たちが春になって見かける数少ないハエはたいてい、冬の間によい隠れ家を見つけていた親バエの子孫です。春になってハエが小さな羽をつけて生まれてくると、天気の良い日などにピクニックをしているところを悩ませるあのハエとなるのです。冬を越して生き延びたハエの一部は、成虫ではなく、まだ成長段階にあるハエです。ハエの卵はたいてい地中や岩の割れ目、樹木の中、あるいは特に好きな牛の糞の中に産み付けられます。それらの卵は二、三時間で孵化《ふか》し、幼虫となるとその状態で一〜四日間とどまります。幼虫は、腐りかけている植物や動物（ほかの幼虫など）を食べて育ちます。ハエの幼虫が成長すると、五日ほどかけてさなぎの段階を通過します。その間ハエはじっとして、幼虫から成虫の姿に変身するのです。以前、昆虫学者の多くは、この問いの答えとして、冬を生き延びたハエのほとんどが、幼虫かさなぎとしてその冬を越したのではないかと考えていました。しかし、科学者は今では成虫の方が幼虫よりも冬を生き延びるチャンスがずっと大きいと考えています。幼虫が寒さに耐えていくことは容易なことではないからです。それでも、幼虫やさなぎが冬の終わりを生き延び、春に成虫になることもあります。

また、ハエ科イエバエの多産性は非常に驚くべきものがあります。ある科学者は、イエバエのたった一つがいから、一夏で三二五兆九二三二億匹の子孫が生まれると計算しました。インドの一二五立方センチメートルの空間をとってみると、四〇二四匹の「生きている」ハエが見つかるのです。今回の質問も、「どうして全世界がハエによって征服されてしまわないのか?」というものにすべきかもしれません。

さらに、ハエは冬の間、南の方へ移住するのだという意見に反論することは容易です。しかし、科学者が、ハエの飛行経路を追跡調査したところ、ハエは一生を通して自分の生まれた場所から半径一六キロメートル以上出ることは、ほとんどないのです。

50 王侯貴族はなぜ「ブルーブラッド（青い血）の」と形容されるの？

この言葉が最初に使われたのはルネッサンス時代のスペインの王族に対してでした。当時の王族の仕事というと宮殿でのらくら過ごすことだけで、どんなことにもできるだけ身体を使わずに済ませようとしていました。

身体を使ったはげしい活動をまったくしなかったので、彼らの血は冷たく、運動で補給されるはずの酸素が欠乏していました。その結果、彼らの血管は皮膚を透けて見えるようになったので、あたかも血が薄い青い色をしているかのように見えたのです。もっとも、健康的でないことが名誉なこととされたのは、文芸復興と啓蒙主義の時代だけでした。

51

白コショウは何から作られるの？

黒コショウからというのがその答えです。スパイスの中でも最もよく使われているものは、コショウ属コショウLの名で知られる、木質のつる性植物の実を乾燥させたものです。つるについたコショウの実の色は、白くもなければ黒くもないのですが、実が熟すにつれて、緑から黄色、そして赤へと色が変わっていきます。黒コショウを作るには、まだ実が熟さないうちに摘みとり、乾燥させます。乾くと、その皮は黒ずんできます。この実を丸ごと粉に挽くと、コショウには白っぽい粒と黒っぽい粒が含まれていますが、見た目は黒っぽいといってよいでしょう。

白コショウを作るには、熟すまで実を摘まず、熟して分離しやすくなった黒い皮を取り除けばよいのです。実は皮をできるだけはがしやすくなるように水に浸された後に、皮がこすり落とされます。こうして黒い皮を取り除き、白い実を日光に当てて乾燥させます。

スパイスの世界にも技術革新が及んでいます。「皮なし白コショウ」として知られる種類の白コショウは、今は乾燥した黒コショウの皮を機械でむくことにより作られています。皮なし白コショウは、見た目は白コショウに似ていますが、味は黒コショウに近いです。

なぜ白コショウにこだわるのでしょうか？　白コショウが使われるのは、たいてい装飾的な目的のためだけです。色の薄いソースやスープでは、小さな黒い粒はシェフが苦心して作り上げた料理のバランスを崩してしまいかねません（あるいは小さな黒い虫であるかのように間違えられてしまうかもしれません）。スパイスが苦手な人は、やわらかな味と香りを持つ白コショウの方を好んでいます。

どのスーパーマーケットに入っても、緑色のトウガラシの実を見つけることができます。この半熟の実は独特の色を保たせるために、日に当てられず液体（たいてい酢か塩水が使われる）と一緒にパックされるか、冷凍乾燥されます。緑色のコショウの実は、実が熟しはじめたばかりの段階で収穫されるので、味は非常にまろやかですが、独特の風味があり、珍味料理を出すレストランでは重宝がられています。

52

なぜ看護師は白衣を着ているの？　また、外科医が手術をするときに青や緑の服を着るのはなぜ？

フローレンス・ナイチンゲールは、いつも白衣を着ていました。もちろん、白は清潔さのシンボルで、看護師がこれを着るのは職業柄ふさわしく、実際の役にも立つのです。白い服だと汚れがよく目立つからです。

外科医も一九一四年までは白衣を着ていました。しかし、あるとき一人の外科医が、白衣についた赤い血はぞっとするし、不必要に目立ちすぎると考えました。そして、彼がかわりに選んだホウレンソウ色の手術着では、どぎつい赤い血の色を目立たなくすることができました。

第二次世界大戦の終わりに、手術室の照明が変わったのを契機に、ほとんどの外科医はそれまでの服にかわって「ミスティグリーン」の服を着るようになりました。一九六〇年ごろからは「シールブルー」と呼ばれる灰色がかった色が主流になりました。ではこの変化はどうして起こったのでしょうか？　ニューヨーク市の仕事着研究所のバーナード・レッパー氏によると、シールブルーは医学生に外科手術の技術を実演するときに使われるテレビモニターに映されたときに見栄えがよいということです。

53

古代都市の遺跡はなぜ土砂に埋もれているの？　その土砂はどこから来たの？

この謎は二つのことがらを前提にしていますが、それらは必ずしも真実ではありません。第一に、すべての遺跡が都市の廃虚ではないということです。砦、野営地、洞穴式住居、古墳、採石場などの古代遺跡も、しばしば埋もれていることが多いわけです。第二に、すべての古代都市が埋もれているわけではないということです。好運に恵まれた考古学者が、地面の表面かそれに近い場所で、遺跡を発見することもあるのです。

それでも、この問題は興味深いものなので、われわれは二人の専門家に、その答えを求めてみました。一人はジョージ・ラップ・ジュニアー博士で、彼はドゥルースにあるミネソタ大学の地学・考古学部の学部長でもある教授で「考古地学」の共同編集者です。もう一人は、「野外考古学」の編集局長を務めるボストン大学のアル・B・ウェソロフスキー博士です。二人が強調していることは、埋もれている遺跡のほとんどは、さまざまな要因が重なってそうした状態に至ったということです。次に示すのは、最もよく見られる例です。

1　風で運ばれたほこり（考古学者には「イオリアンダスト」として知られる）が堆積《たいせき》し、ついには建造物を埋めてしまうものです。イオリアンダストには、風で運ばれた火山灰から普通のほこりや家庭から出るほこりまで、さまざまなものがあります。

2　水で運ばれた堆積物が積み重なって、建造物を埋めてしまうのです。高所から低い土地へと堆積物を運んでくる雨水が、しばしばその犯人です。ときには、洪水のときの水辺に貯まる堆積物などや、河川によって形成される砂や粘土の層が、川岸にある集落を文字どおり埋め尽くしてしまうことがあります。水はしばしば、風で運ばれたほこりを集め、低い土地へと運んでくるのです。

3　突然起こった自然界の変動のたった一撃で、都市が埋もれてしまうことがあります。ただし、こうしたケースは非常にまれで、ラップ博士が言うように、「このような状況が起こり得るためには、その場所は侵食がないか、あっても堆積のスピードよりもかなりゆっくりと進行するという、地勢上の特徴がなくてはならない」のです。また、都市が一度の天変地異で埋まってしまっても、埋まる原因というのは一つではありません。ウェソロフスキー博士によると、ポンペイもヘルクラネウムも、七九年のベスビウス山の噴火で埋もれましたが、片方は泥流《でいりゅう》で、もう一方は灰が原因でした。

4 人工の建築物はそのままでも壊れ、埋まってしまうことがあります。あるときには、破壊は事故（洪水や地震、火事など）が原因となることもあれば、あるときは人為的に（爆破、取り壊し）行われることもあります。人間は、その活動の跡を後世に残さずにはいられないようです。ラップ博士は次のように語っています。「ニューヨークのように比較的新しい都市でも、相当な厚さの残骸《ざんがい》を堆積しており、初期のニューヨークは、現在の地面の何メートルも下に埋まっているのです」。

5 ときどき、古代文明は自分で自分を埋める作業をしています。ウェソロフスキー博士は次のような例を挙げています。「コンスタンティヌス帝は四世紀初頭、バチカンの丘のかたわらに、旧サンピエトロ大聖堂を築こうとしました。そのとき、皇帝の土木技術者たちはバシリカ風の聖堂を建てる工事のために、その斜面の一部を削り取り、それをローマの墓地に捨てました。この工事によって、墓地の低い部分が地下に埋蔵されることになりましたが、そこにはピエトロ自身の墓もあったのです。旧サンピエトロ大聖堂が一六世紀に、今ある教会を建設するために壊されたとき、その一部が土地の低い部分を埋めるために使われました」。

また、ラップ博士は次のような例を挙げています。

「この現象は、中東の丘上都市にもっとも顕著に見ることができます。丘上都市はたいてい数メートルの高さがあります。それぞれの『文明』は、先行する文明のがれきの上に建てられているのです。家屋はそのほとんどが泥のレンガでできており、耐用年数はおそらく六〇年ほどでしょう。そうした家屋がつぶれると、土はまわりに広がるだけです。二千年、三千年とたつうちに、この集落の巨大な丘は高さをどんどん増していき、今では周囲の平原を見下ろすほどになっています。そしてそれぞれの層は、その時代の考古学的な遺物を含んでいるのです」。

われわれはわざわざタイムカプセルを埋めて、後の世代に自分たちの生きている時代の様子を伝えようとしますが、実は、そのような努力は不要なのです。母なる自然の力によって、われわれは知らないうちにそうしたことを伝える人工物――お菓子の包みから、ビールの缶まで――を毎日のように埋めているのです。

54

新しい速度制限はどこから始まるの？速度制限の標識からなのか、標識からいくらか先の地点なのか、それとも標識がはっきり見える地点からなの？

仮に、制限速度が時速五五マイル（約八八キロメートル）から時速三五マイル（約五六キロメートル）に変わるとき、制限速度三五マイル（約五六キロメートル）と表示した標識を通りすぎるまでは時速五五マイル（約八八キロメートル）で運転を続けても、それは明らかに合法的なことでしょう。しかし、その瞬間に一気に二〇マイル（約三二キロメートル）も速度を下げることは、できるはずがありません。では、新しい制限速度が適用されない一定の距離があって、それが減速の猶予期間とされているのでしょうか？

残念ながら、そんな都合のよいものはないのです。速度制限の標識は、新しい規制が効果を持ち始める、丁度その地点に置かれているのです。新しい速度までどう速度を下げていくのかは、運転する人の仕事なのです。

もちろん、交通法規をどう解釈するのかは、各々の州に委《ゆだ》ねられています。しかし、ほとんどの州議会は、連邦政府が発行している『交通規制標識統一マニュアル』を参考にしているのが実状です。そのマニュアルは次のように明快に述べています。「速度制限標識は、表示が法律によって義務付けられており、ある速度から次の速度へ変える地点に置かれなければならない。速度制限の適用が終わる地点では、次の速度制限を示す標識を立てなければならない」と。

新しい速度制限に変わる前に、ドライバーにスピードを落とすよう気付かせるための方法として「前方スピード制限あり」という標識があります。これは、制限速度まで時速二〇～三五マイル（約三二～五六キロメートル）も落とさなければならないことがある田舎に、多く置かれています。しかし、この警告標識に続いて、速度制限が変わる正確な地点をはっきり示す、新たな標識が必要なのは、言うまでもありません。

55

恥毛と脇毛は、何のためにあるの？

人類は体毛をほとんど失ってしまったにもかかわらず、恥毛と脇毛は、男女とも持っています（ただし、世界のほとんどの地域で、という但し書きが必要です。アメリカの女性の大半は、脇毛を剃っているからです。どうしてそうするのかは、調査中です）。では、これにはどんな合理的な理由があるのでしょうか？

最も一般的な説明は、恥毛も脇毛も皮脂腺から分泌される乳液を逃がさないため、というものです。

分泌液がバクテリアによって分解されると、異性をひきつける強いにおいを発生させます。とすると、体臭や発汗を防止する化粧品などが、他人の迷惑になるにおいを隠すことができると宣伝しているのは、皮肉なことではないでしょうか？　われわれは悪臭を出すことを気にするあまり、体臭が人をひきつけることがあるのを忘れています。体臭防止用化粧品は、むしろ異性を自分の周りから追い払いたい人のために売られるべきなのかもしれません。

一方で、動物学者は、恥毛について別の説明をしています。たいていの動物、特に霊長類は、性器の周囲によく目立つ特徴を持ち、つがいとなる相手をひきつける役割を果たしています（ヒヒを見たときのことを覚えていますか？）。裸の肌に一部だけ恥毛が広がっているのは、これとまったく同じ理由によるのです。

56

建設作業員はなぜ建設中の建物の一番上に、松の木を置いているの？

建設中のビル（や橋）の上にある木は、「棟上《むねあ》げ」の木と呼ばれ、その建物の基本的な骨組みができあがったことを祝うものです。摩天楼などでは、頂上の梁《はり》が引き上げられると、その上に常緑樹を取り付けます。これはそのビルが、最終的な高さまで組み上がったという印です。また、建設作業員が作業中に誰も死ななかったということの象徴として、この常緑樹を使っている建設業者もいます。さらに、この木は、将来そのビルを利用する人に好運と繁栄をもたらすためのお守りとも考えられています。

今日の棟上げ式は、しばしば儀式の形をとり、地元の政治家の退屈なスピーチやフラッシュの光がつきものですが、棟上げ式の原型は古代までさかのぼることができます。好運を願う多くの儀式と同様に、棟上げ式は古代の迷信に起源を持っています。古代ローマ人は、紀元前六二一年にチベール川に架けられたサブリシアス橋の完成を祝い、神へのいけにえとして、何人かの人間を川に投げ込んでいました。われわれは現在、シャンパンの瓶を船に打ちつけて新しい船を進水させていますが、昔は違った液体――人間の血――が使われていたのです。古代中国では、新しい建物の棟木《むなぎ》にニワトリの血を塗っていましたが、それは神々をだまして、人間の血が捧げられていると信じ込ませようとするものでした。多くの文化では、悪霊が新しい建物に居座ってしまうことを恐れていたので、中世になっても司祭やラビは、新築の家や公共の建物に特別の祝福を与えていました。

建物の上に木が置かれた最初の記録は、西暦七〇〇年ごろのスカンディナビアで、その目的は、落成祝いがこれから始まることを知らせるものでした。シュヴァルツヴァルトのドイツ人は、イエス・キリストの誕生を、クリスマスツリーを飾って祝いました。今日でも棟上げの木は、北ヨーロッパ、特にドイツとスカンディナビア諸国で最も生息しています。

実際に、スカンディナビアの偉大な劇作家、ヘンリク・イプセンの作品の『マスター・

ビルダー』（棟梁）に出てくる主人公は、自分の建てた新しい家の棟上げの飾りを取り付けているときに、転落して死んでしまうことになっています。

アメリカでは、落成のシンボルとして、常緑樹とともに星条旗が飾られています。雑誌「アイアンワーカー」（鉄工）によると、「百年前、ブルックリンブリッジの最後のケーブルが敷設されたとき、鉄骨組立職人によって操作されていた滑車には、アメリカの国旗が飾られていました。一九二〇年にも、鉄骨組立職人は彼らの仕事を、アメリカの国旗で飾っていましたが、このときのタイミングは、サンフランシスコのイタリア銀行に最初のリベットを打ち込んだときでした」。

建物の上に国旗を掲げるのは、建設作業員の愛国心を示すだけではなく、その建物の建設が公的な資金によってまかなわれていることを示している場合もあるのです。

57

松の実はどのようにしてむくの？

これは大変な作業です。どんな機械を使えば松の実の殻をうまくむけるのでしょうか？はっきりしていることは、どんな松の実の殻でも、むけるような万能の機械はないということです。ほとんどの松の実の加工業者は、アーモンド用の機械を使っていますが、これは果肉を痛めずに何とか皮をむけるという程度のものです。

中国から輸入される松の実は手でむかれます。というより、人の手に握られたハンマーで、というのが正確でしょう。とてもハイテクとはいえませんし、効率的でもありません。多大な労力を要します。しかし、これが最適の方法なのです。

58

ローマ数字を使った時計では、なぜ数字の4がⅣではなくIIIIと表示されているの？

時計のデザイナーは、時計の文字盤をとても自由にデザインすることができます。デザイナーによっては、アラビア数字を使う人もいますが、ほとんどのデザイナーはローマ数字を使い、また、わずかながら数字をまったく使わない人もいます。

しかし、数字の9が時計の文字盤にたいていⅨと表示されているのに、4は決ってIIIIと表示されているのに気付いた人はいるでしょうか？　われわれは大手の時計メーカー数社に尋ねてみましたが、彼らでさえ、この習慣の由来をはっきり説明することができませんでした。そのかわり、彼らはわれわれに時計学者であるヘンリー・フライド氏を紹介し、彼に謎の真相を解き明かしてもらいました。

機械仕掛けの時計が一四世紀にはじめて発明されたとき、それは聖堂などの公共の場所に置かれていました。文字盤自体は、最初は装飾にすぎませんでした。それというのも、最初の時計は長針も短針もなく、毎日四時間ごとに一度、鐘が鳴るだけだったからです。

したがって、時計はほとんど文盲だった一般の人々にとって、特別な価値を持つようになりました。しかしイタリアでさえ、ほとんどの農民はローマ数字を読むことができず、引き算もできませんでした。彼らは指を折り数えて計算し、時間を伝えていました。そのようなわけで、四本の線の方が、Ⅳのように五から一を引くという印よりも、ずっと理解しやすかったのです。

初期の時計は、文字盤に一から一二までの数字だけでなく、一二四までの数字をあしらうものが多くありました。また、一五、六世紀のドイツの時計には、ローマ数字で午前を、アラビア数字で午後を表すものもありましたが、二四時間表示の時計は文盲者にとっては、特に理解しがたいものがありました。そのようなとき、ある時計デザイナーが、4と9で終わる数字を、ⅣやⅨの代わりに棒線で表示することにしたのです。

では、なぜ時計メーカーは、ローマ数字を今日でも使い続けようとするのでしょうか？主な理由は、消費者がその古風さを好むからです。正確な時計が一昔前よりも安価に生産できるようになったため、時計メーカーは、消費者が喜んで余分なお金を払ってくれるようなデザインをしたがっているのです。また、ローマ数字は上下が逆になっても、遠くからでも、非常に読みやすいと言う人もいますが、実は、それが生み出すしゃれた雰囲気がその最大のセールスポイントなのです。もっとも、農民のためにデザインされた時計が、おしゃれなものだとされているのは、愉快な皮肉です。

59

なぜ、雨雲は黒いの？

雨は水です。水は明るい色をしています。したがって、雨雲は明るい色をしているはずです。完璧な論理ですが、これは誤りです。

当然、雲の中には常に水の粒が漂っています。水の分子は細かく光を反射して、見た目は白くなります。ただし、雨滴を形成するくらいに水の粒が大きくなると、光を吸収してしまい、雲の上から見ると明るく見えるのですが、下から見上げるときには、暗く見えるのです。

60

消防署には、なぜダルメシアンがいるの？

現在では、ダルメシアン（クロアチアのダルマチア産の番犬）は主に消防署のマスコットとなっていますが、消防車が馬によって引かれていた時代には、重要な役割を担っていました。ダルメシアンと馬との相性はよく、この犬に馬車の前を走らせ、消防士が火事の現場に早く到着できるように、道を開けさせる訓練をするのは簡単だったからです。

この血統の犬は、やがてニューヨーク市の消防署の間で非常に人気が高まり、ウエストミンスター犬飼育クラブではニューヨーク消防局の会員が所有するダルメシアンのために、特別のクラスを設けたほどでした。同クラブ発行の本『ダルメシアン――馬車犬、消防犬』

でアルフレッド・ツリーン氏とエスメラルダ・ツリーン氏が、ニューヨーク消防署のワイズ署長の話を伝えています。

ワイズ署長は、消防署のダルメシアンのベッシーがお気に入りで、ベッシーも署長が休みの日には、彼の後を追って文字通り路面電車に飛び乗って家まで付いて行ったのです。ベッシーは電車に乗り遅れると、次の電車に乗るためには、どこで待っていればよいのかも知っていました。また、ベッシーは燃えさかるビルの中までワイズ署長の後を追いかけて行きましたが、常に消化作業の行われている階の一階下で待っていました。それは、退避が命じられたときに、人の邪魔にならないようにという配慮からでした。

ダルメシアンは歴史を通じて、危険な仕事の現場で使われてきました。たとえば、戦争中は故郷のダルマチアとクロアチアの国境での番犬として、ときには牧羊犬、牽引用の動物、猟犬、レトリーバー（狩りの獲物をくわえて来るよう訓練された犬）、そして芸をする犬（ダルメシアンは頭がよいだけでなく、すぐれた記憶力を持つ）として、広く活躍してきました。さらに、ダルメシアンの足の速さと忍耐力、馬を恐れない性格は、消防車用のすぐれた馬車犬となることを可能にしていました。アメリカ・ダルメシアン・クラブが言うように、この血統の犬は「後部の車軸や前部の車軸の下、そしてもっとも難しい先頭馬と後馬の間のポールの下で指揮をとる」ことができました。

消防署のための馬車犬としてのダルメシアンの消滅は、自動車の登場によって引き起こされました。ベッシーのようなダルメシアンは、その役目を失いましたが、それはワイズ署長の次のような感傷的な嘆きからも察することができます。

「五年半もの間、ベッシーは三番街と六七丁目の交差点にさしかかると、路面電車の運転手、トラックの運転手、歩行者に注意を促すために吠え、消防車のための道をつくりました。その間、ベッシーは三九分署が行った、一ヵ月平均四〇回の出動のすべてで先導役を務めたのです。その後、晴天のへきれきのように、ベッシーが好きだった白い馬が連れ去られ、馬小屋も片付けられてしまいました。それでも、次に警報が鳴ったとき、ベッシーは消防自動車の前で飛び跳ねていたのです。ところが、ベッシーは三番街まで走っていくと、尻尾を後脚の間にはさんで消防署に戻って来ました。ベッシーの心は傷ついてしまったのです。そして、ベッシーは二度と現場に出かけることはありませんでした」。

今日、ダルメシアンは、森林警備隊員ほどしか火災の消火には役立たないでしょう。しかし消防署のマスコット候補がたくさんあっても、過去の勇敢な行為を讃えて、ダルメシアンを選ぶ消防士は多いのです。

61

稲光りはなぜいつも遠くに見えるの？　稲光りが光っていても雷鳴が聞こえないのはなぜ？

稲光りは実際には、雷雲によって引き起こされる雷で、観察者からは遠すぎてよく見えないだけです。目に見えるものは、遠くの雷が雲に反射した拡散した光なのです。雷鳴が聞こえないのも、実際に鳴っている雷鳴が、遠すぎて聞こえないからです。雷が実際に発生しているところでは、ちゃんと雷鳴は響いているのです。

62

ドーナツショップの店員はドーナツに直接手が触れないようにナプキンを使ってつかんでいる。なぜそのナプキンをドーナツと一緒にしてお客に持ち帰らせるのだろう? バイキンがついているだろうに。

われわれは宇宙でも最も観察眼の鋭い読者を持っているようです。一体、われわれの読者以外の誰が、これまであいまいにされていた、このような大切な衛生上の問題を提起するでしょうか?

われわれはすべての大手のドーナツチェーン店に問い合せてみました。答えてくれた人々はみな、従業員がナプキン(たいていそれはサブアールラップのナプキン)を衛生上の理由で使っていますが、「バイキンのついた」ナプキンがなぜ袋の中に入れられるのか、説明できないと素直に認めています。

もしかしたら、ウィンチェル社の社長のカール・E・ハス氏が説明するように、それは「ドーナツの上に乗せられているので、お客はドーナツを袋から取り出すのにそれを使える」ようにしているのかもしれません。

また、ダンキンドーナツの販売部長のグレン・バチェラー氏は、こうした習慣はあまりよいものではないかもしれないと認め、ダンキンドーナツの教育部では「使い古しの」ナプキンを袋に入れないようにすることを、検討していると語ってくれました。

この本の読者は、ドーナツの歴史の中で、相応の地位を占めたことでしょう。

63

ニワトリによって茶色の卵を生んだり、白い卵を生んだりするのはなぜ?

卵の色は殻の表面の層にある色素によって決まり、純白から濃い茶色までの間にさまざまな色合いがあります。卵の殻の色を決める唯一の要素は、ニワトリの品種です。

白い卵はアメリカ全国どこでも好まれるので、一つのトサカを持つ白色レグホンがアメリカでは今のところ一番人気のある品種です。レグホンがすぐれているとされる理由はいくつもあります。ほかのめんどりよりも早く成熟すること、餌の使用効率がよいこと、体が比較的小さいこと（鶏を飼っている小屋がたいていニューヨーク市のワンルーム・アパートよりも小さいということを考えれば、これは大事なことです）、がまん強く、異なる環境にもよく適応すること、そして最も重要なこととして、生み出す卵の数が多いことです。めんどりの生む卵の色を判断する簡単なテストは、その耳たぶを観察することです。耳たぶが白ければ、そのめんどりは白い卵を生みます。もし耳たぶが赤ければ、生まれるのは茶色の卵です。

茶色の卵を食べるのを気味が悪いと思う人もいますが、白い卵と比べても栄養や健康の面では変わりません。実際には、茶色の卵は健康食品愛好家の間で人気が高く、その効果はともかくとして、それが価格の高さにつながっています。

卵の黄身も色はさまざまありますが、黄身の色の違いは遺伝的な違いというよりも、餌の違いによるものです。黄身の色を左右するものは飼料に含まれている色素です。ニワトリが、キサントフィルとして知られる黄紅色の植物色素を多くとれば、その色素が黄身に移ることになります。黄色のトウモロコシやアルファルファの飼料を食べているめんどりは、やや黄色い黄身を生みます。小麦や大麦を与えられためんどりの黄身は、色が薄くなります。白いトウモロコシのように、色素のまったくない餌では、色のない黄身ができます。見た目を考慮して、農家では色素のない餌は与えないようにしています。消費者は、黄色の黄身を好むからです。

64

なぜ高齢の男性は若者よりも股上の深いズボンをはいているの？

洋装店から寄せられた説明の中で、もっとも多かった説明は、男性が年をとると背がわずかに低くなり、背骨がすこし曲がってくるからというものでした。そうなると、数年前まではウエストのあたりに引っかかっていたズボンが上にずり上がってしまうというのです。けれども、この理論には問題が一つあります。老人が新しいズボンを買いに行くとき、それでも股上の深いズボンを買うということです。

この解決の困難な社会問題に対して次に人気がある説明は、「太鼓腹理論」というもので、それによると、股上の深いズボンは突き出した腹部を、何とか隠そうとする悲しい試みだというのです。この考えは非常にもっともらしいが、目を見張るようなビール腹の若者のズボンの股上が浅く、腹部が飛び出したままになっている理由を説明できません。

しかし、一人の賢者、アメリカ衣料製造業者協会のフレッド・シッピー氏はもっとも論理的な説明をしてくれました。ズボンは一九六〇年代にジーンズが爆発的に広まるまでは、比較的股上が深く作られていました。したがって、五〇歳以上のほとんどの男性は、ウエストではなく腰骨から下がるようにデザインされたズボンをはいた経験がなく、今さら新しいタイプのズボンをはくのは気が進まないのです。股上が深く仕立てられたズボンに慣れた人にとっては、腰骨で支えるものは今にも落ちそうだという感じがあるのです。

股上の浅いジーンズ（「ローライズ」と呼ばれる）は男性衣料における革命であり、文字どおりわれわれの注意を下に向けました。「ハイライズ」のズボンを見ると、誰でも「古くさい」とか「洗練されていない」と考えるようになりました。女性のスカート丈の上り下りについては多くのことが書かれてきましたが、この章が、ズボンをさまざまにはく男性への共感を呼び覚まし、ついには世界平和をもたらすことを願ってやみません。

65

オレオはなぜ「オレオ」と呼ばれるの?

世界でもっとも人気のあるクッキーの名前の由来は謎に包まれています。このクッキーはオレオビスケットとして、一九一二年三月六日ニュージャージー州ホボーケンで最初に販売されました。そして、一九二一年にその名前はオレオサンドイッチと変わりました。一九四八年には同じクッキーがオレオクリームサンドイッチと名前が付け替えられました。一九七四年になってようやくあの不朽のオレオチョコレートサンドイッチクッキーが生まれたのです。その名前は永遠に、あるいは新しい名前が付けられるまで続くことになるのでしょう。

もちろん、決定的な証拠がないからといって、オレオ学者はこれらの四つの魔法の文字Oreoが組み合わせられた理由を探索することを諦めはしませんでした。ナビスコ消費者対策部の代表であるマイケル・フォーコウイッツ氏は、分かりやすい二つの理論を提供してくれました。

1　ナショナルビスケット社（アメリカンビスケット社、ニューヨークビスケット社、USベイキング社が合併して一八九八年に創立）の会長のアドルファス・グリーン氏は、古典が好きでした。「オレオ」という名前は、「山」という意味のギリシャ語です。最初の試作品では、クッキーは山の形に似ていたと言います。

2　その名前はorという「金」を意味するフランス語に由来しています。最初のオレオのラベルは薄い緑の背景に金色で装飾の模様が施され、製品の名前も金色で印刷されていたのです。

66

なぜ人間は摂氏二二度で最も快適に感じるの？　なぜ摂氏三七度ではだめなの？

われわれは自分の体温をそのまま保っていられるときに、最も快適だと感じるのです。では、なぜ摂氏三七度の風通しのよいところでは、快適だと感じないのでしょうか？　いえ、その温度でもよいのです、もしわれわれがヌーディストならば。

しかし、われわれのほとんどは、衣服を着ける習慣にしがみついています。衣服は体温を保つ役割を果たしますが、暖かい環境で快適と感じるためには、そのうちのあるものは脱ぎ捨てなければなりません。

われわれの体でむきだしの部分は、いつもは十分な熱を放出して外気温に体温を合わせています。仮に、二三度ですっかり衣服を着込んでいるとすると、むきだしの手、耳、顔などから体熱のごく一部を放出するだけです。しかし、それでもわれわれは十分に快適だと感じるのです。二二度で裸のままでは、体から熱を逃がしすぎるので、われわれは寒いと感じてしまうでしょう。

湿度と風もわれわれの感じる快適さを左右します。空気は乾いていればいるほど、熱を吸収する能力が高まります。また、風もわれわれの快適さを、かく乱します。風はわれわれの放出する熱の流れを早め、体の周りの空気を絶えず奪い、それよりも冷たい空気で置き換えてしまうのです。

67

アメリカの切手ののりは、どうしておいしいの？

郵政局は、のりに特別な味をつけようというつもりはありません。アメリカの切手につけられているのりには、二種類の「風味」がありますが、それは味のことを考えての結果ではないのです。

その一つは、主に記念切手に使われているもので、とうもろこしの糊精《こせい》（でんぷんから取り出される、粘りけのある物質）と、水を混ぜたものです。この溶液は、記念切手を痛めないので、「普通」切手よりも、切手収集家のコレクション用として、長期間の保存ができるようになっています。

もう一種類ののりは、二二セントの星条旗の切手のような、普通に発行される切手に使われています。これは、ポリビニル=アセテートの乳剤と、糊精の混合物です。この味のよいのりに加えて、プロピレン=グリコールが小量加えられ、用紙がカールするのを防いでいます。

ちなみに、切手ののりの味は何かの味に似ていないでしょうか?

郵政局の消費者相談部のダイアン・V・パターソン氏は、切手ののりに使われるポリビニル=アセテートは、チューインガムの基本的な材料であると、教えてくれました。

68

西部劇の幌馬車の車輪はなぜ逆に回転しているように見えるの？

映画のフィルムは、実際には連続した静止画で、それが一秒間に二四コマの早さで回されています。撮影される馬車がゆっくり動いているときは、カメラのシャッタースピードは車輪のわずかな動きを、一秒間に二四回の割合でとらえることになり、その結果として目に錯覚を起こさせる、ストロボ効果が起こるのです。車輪の動きがカメラのシャッタースピードと同じにならない限り、フィルムに映った車輪の動きは実際とは違うものとなります。この現象は、ディスコのストロボライトと同じで、ディスコの場合、ストロボの発光スピードによって、踊り手は熱狂的に動き回っているようにも、あるいは、ぬかるみの中を元気なく歩いているようにも見えてしまうのです。

イーストマンコダック社の映画・AV製品部のE・J・ブラスコ氏は、映画でどのようにストロボ効果が表れるのか説明してくれました。「車輪が回るスピードが遅いと、逆に回転しているように見えます。回転が速くなり、カメラのフィルム速度と同調すると一定の場所にとどまっているように見えます。そして、それよりも速くなると、車輪のスポークは前に進んでいるように見え始めます。ただし、それは幌馬車自体のスピードと同じスピードではないのです」。

このストロボ効果は、映画でなくても確かめることができます。ルーレットや扇風機の羽が次第に遅くなるのを見ていると、回転が逆に見えることに気が付くでしょう。

69

「香りなし」のヘアスプレーは、なぜ微妙ににおいがするの？

通常の「香りつき」のヘアスプレーは、特定の香りをつけるために香料が含まれています。

一方、「香りなし」のヘアスプレーは、香りに対して敏感な消費者のために工夫されたものですが、実際には香りがあり、香料を加えてもいます。ただし、それは製品に含まれている化学成分のにおいを隠すためです。そうすると、「香りなし」と「香りつき」のヘアスプレーの違いは、「香りつき」のヘアスプレーの方が香料を多く含み、その香りには持続性があり、香りを売り物にしている点でしょう。

ヘアスプレーは、その九五パーセントがアルコールです。クレイロール社のジョン・コーベット氏がわれわれに教えてくれたところによると、純粋なアルコールは、辛口のマティーニのようなにおいではなく、むしろ、カセットレコーダーのヘッドのクリーニングに使われる洗浄用アルコールに似ています。洗浄用アルコールを頭にスプレーすると考えるだけで、においが鼻につくでしょう。「香りなし」スプレーの目的は、消費者が好むような、高価でよい香りのする香水やコロンと競争することを避けることです。

コーベット氏は、消費者はそれほどひどいものでなければ、ヘアスプレーの香りがどうだろうと気にはしていないと思う、と付け加えました。どうやら、化粧品の中で消費者が非常に気にするのは、シャンプーの香りだけであるようです。

ちなみに、「香りつき」と「香りなし」のヘアスプレーの売れ行きについては、「香りなし」の製品はマーケットのほんのわずかなシェアしか確保していません。

70

なぜホッケーで一人の選手が三つのゴールを決めることをハットトリックと言うの？

「ハットトリック」はもともとイギリスのクリケット用語で、三者連続してウィケット（打者のアウト）をとる芸当を意味するものでした。多くのクリケットクラブでは、この手柄に対する賞品は、新しい帽子でした。ほかのクラブでは、ファンの間に「帽子を回して」お金を集め、得点者に贈呈するという形で、ヒーローに栄誉を与えたのでした。

この言葉は得点がめったに起こらないほかのスポーツへも広まり、特にサッカーでは三つのゴールを決めるという妙技を表すもととして「ハットトリック」が使われています。

ナショナル・ホッケー・リーグのベリンダ・ラーナー氏によると、この表現は一九〇〇年代の初頭から聞かれるようになったということです。「ホッケーにおけるその言葉の本当の意味については、いくらか誤解があるようです。本当のハットトリックとは、一人の選手が三つの連続ゴールを決めたときに、初めてそう呼ぶことができるのです。ただし、その間、ほかのどの選手も得点をしていないという条件が必要となります」。

71 トイレの水洗ハンドルはなぜ左側に付いているの？

ついに左利きの人を考慮した製品が登場したのでしょうか？　もちろん違います。

また、果たして座っているときに水を流すのがよいのでしょうか、立ってから流すのがよいのでしょうか？

この話題はすました場所ではあまり話題にされませんが、われわれは難問を解決するためならばデリケートな問題でも喜んで追求します。アレクサンダー・キラ氏が『バスルーム』というすばらしい本の中で書いているところによると、「コーネル大学による一千世帯の中産階級における各自の衛生観念と行動の調査」では、三四パーセントの回答者が座っているときに水を流し、六六パーセントが立っている時に水を流すということでした。したがって、アメリカ人の過半数は左手であるいは、右手で不自然に体や腕をひねって右手で水を流しているようです。では、ハンドルを右側に移した方が、より多くの人にとって便利になるのでしょうか？

『バスルーム』の中で、キラ氏は現在の配置は右利きの人よりも、座りながら水を流すタイプの人に対して配慮をしていると論じています。

「ほとんどの水洗設備は配置がなっていません。使用者が立ち上がって振り向き水を流す場合は使い易いのです。しかし、においや気分などのさまざまな理由で、用を足した後も座ったままで水を流すほうをかなりの数の人が好んでいます」。

また、キラ氏は、レバーの場合は、われわれの左側か右側かという疑問の前に、このレバーは手で操作したらよいのか、足で操作したらよいのか分からない代物といえます。明らかに人はどちらも使っているので、レバーは非衛生的です。この仕掛けの位置は床から約四五センチメートル上にあるので、どちらにしても使いにくいものです。

ヨーロッパ人もこのデザインの問題にうまく取り組んでいるとは言いがたいのです。ヨーロッパのトイレのほとんどは、タンクの上部にノブが付いています。そのノブの位置では、座ったまま水を流すのが非常に難しいだけでなく、タンクの上を雑誌ラックやラジオ台として使えなくなってしまうからです。

アレクサンダー・キラ氏のこれらの問題に対する解決方法は、その普遍性においてソロモン（イスラエル三代目の王。父はダビデ。旧約聖書に幼児を自分の子として奪い合う二人の母を裁いた「ソロモンの裁き」が有名）のようです。彼は、ばね仕掛けのボタンを床に組み込み、使用者が座っていても立っていても、「事前、最中、事後」でも水を流せるようにすることを提案しています。このボタンは機械的ではなく電気的に動かせ、使用者の都合よりも作業員の都合で配置が決められているという、現在の水洗ハンドルの運命を避けることができるのです。

72

なぜ予防接種の跡に毛は生えないの？

予防接種の跡は、ただの皮膚の傷跡です。予防接種は皮膚に炎症を起こすので、それが近くの毛母細胞を破壊してしまうのです。

皮膚への深い傷は、毛母細胞を破壊し、そこには毛が生えなくなりますが、これは皮膚科専門医には「外傷性脱毛症」として知られている状態です。もし希望すれば、予防接種跡に毛を簡単に移植することができます。ただし、死んだ毛母細胞を生き返らせることはできないのです。

73

お湯の蛇口をひねって、水がだんだん熱くなると水の流れる音が変わるのはなぜ？

ヒューヒューという音は、冷たい水を使う場合でも起こりますが、熱いお湯のときの方が頻繁に起こります。この口笛のような音はパイプの中に水が流れにくいために起きています。

国際配管工事人協会の専務理事であるトム・ハイアム氏の話によると、その音が鳴る場所は、配管方法によって異なるそうです。「もし、パイプが銅製ならば、音の原因はパイプが小さすぎるためでしょう。亜鉛メッキを施した鉄製パイプならば、音はたいてい、石灰が付着して、水の流れる場所を狭くしてしまうために起こるのです」。

配管製造者協会の会長、リチャード・W・チャーチ氏の説明によると、水の流れはお湯のときに流れにくくなります。その理由は、「水が熱せられるとその中にある空気の分子が大きくなり、お湯に含まれる空気が増えるため」だからです。

温水器の中から聞こえてくる短く鋭い音は、タンクに蓄積された石灰が原因となっています。温水器が温度変化によって膨張したり縮小したりすると、石灰が崩れてタンクの底に落ちてたまっていきます。

水道管はただその美しい音色を伝え、増幅するだけです。

74

一フィートの長さは人の足のおよその長さを基準に考えられた。ではメートルはどのようにしてその長さが決められたの？

合衆国憲法は、議会に重量や長さに関する統一的な基準を設ける権限を与えています。昔は、異なる植民地の間での統一基準などなかったし、ヨーロッパやアジアの国々の間でさえも同様でした。たとえば、ヘンリー一世は自らの鼻から親指までの長さをもって、一ヤードという長さの単位を定めましたが、ほかの国はヤードを計測に使うことはありませんでした。アジアの人々は、われわれが使う「フィート」が本当に人間の足を測ったものなのか、不思議に思ったことがあるに違いありません。

統一的な計測体系を要求する声はまずフランスから起こりました。フランス革命の真只中の一七九〇年、フランス国民議会はフランス科学アカデミーに対して、あらゆる重量、長さに用いることのできる不変の基準を作り出すように要請しました。ある委員会はすぐにこれに応え、アカデミーに最も単純で優雅な十進法を採用するように求めたのです。後の委員会において、そのような体系の基本的な長さの単位は、地球の円周の一部を表すものにするべきだと主張されました。すなわちそれは、地球の経線の四分円の一千万分の一(言い換えれば赤道から北極までの円弧の一千万分の一)と等しい単位でした。

この単位は後にメートルという名前が付けられましたが、これは「尺度」という意味を持つギリシャ語のメトロン(metron)にちなんだものです。メートルはほかのすべての計量法の基礎でした。アメリカメートル協会の会長バレリー・アントーン氏は次のように説明しています。

「質量の単位はこの単位の長さを三乗し、それを水で満たすことにより得られることになりました(したがって、グラムは最大密度の水、一立法センチメートルの質量です)。同じ手順によって容積も得ることができます。このようにして、長さ、質量、容積の基準は一つの尺度から得られることになりましたが、これは自然界を基準にしており、相互に関連があり、便利さを考えて十進法となっているので、いつどこでも使うことができます」。

メートル法は当初、フランス以外では広まりませんでしたが、そこに含まれる厳密さと統一性は世界中の科学者やエンジニアに強く訴えかけるものがありました。知っている人は少ないのですが、すでに一八六六年には国会制定法が「アメリカ合衆国全土では、すべての契約、取引、法廷手続きにおいてメートル法による重量および長さを用いることを合法化」しています。二〇世紀初頭までには、先進国の間でメートル法の優秀さが知れ渡ることになりました。

しかし、精密機械が進歩するにつれ、メートルのもともとの定義というものが不明瞭になってきました。一八七五年の各国の合意である「メートル条約」はメートル法を整備し、修正を加えるための機構を設立し、アメリカを含む一七カ国が「メートル会議」に参加しました。そして一八九三年以降、一メートルは真空状態で光が二億九九七九万二四五八分の一秒間に進む長さであると定義されました（言いかえると、真空中の光の秒速は二億九九七九万二四五八メートルということ）。光の速さが将来変化するということは考えにくいので、科学者は、メートル法が標準的な尺度として、これからもずっと使われていくだろうと考えています。

バレリー・アントーン氏は、われわれが meter という綴り方をすることを控えるよう、指摘してくれました。これはアメリカ式の綴りで、世界中では英語圏も含めて metre と綴っているということです。

75

爪の付け根にある白く三日月の形をしたものは、何のためにあるの？

この白い三日月の形をしたものは、「半月状紋」と呼ばれています。半月状紋は空気が閉じ込められたものにすぎず、指と半月状紋が終わるあたりの爪が、ぴったりと密着しているので外に出ることができないのです。この空気「ポケット」には、特にはっきりした目的はありません。

76

月はなぜ上空よりも地平線近くにあるときに大きく見えるの？

この不可解な謎は、無限に長い期間にわたって宇宙空間をさまよい続けてきました。天文学者も長い間論議し続けており、彼らはこの現象を月の幻視と呼んでいます。月だけでなく、太陽も上空にあるときよりも、地平線に近いときにずっと大きく見えます。星座も空にのぼっていくにしたがって、次第に小さくなっていきます。もちろん、これらの天体が実際に大きさや形を変えるわけではありませんから、なぜ、大きくなったり、小さくなったりするように見えるのでしょうか？

この問題に関しては完全な意見の一致を見ていませんが、ほとんどの天文学者は三つの説明がこの謎に満足のいく答えになると考えています。重要な順に並べると、次のようになります。

1　「空と望遠鏡」誌のアラン・マックロバート氏は、「空そのものが、天空よりも地平線の近くでの方が遠くに感じられる」と語っています。また「天文学」誌に「すこしずつ天体を学ぶ」と題されて掲載された論文の中で、ジム・ロードン氏は次のように説明しています。「明らかにわれわれは空を半球としてではなく、半分になった偏球の（極の付近で平面になっている）回転楕円体として認識しているのです。言い替えれば、頭上の空は、地平線上の空よりも観察者に近く感じられるのです。この歪められた天球に『投影』されたと感じられる天体は地平線での方が大きく見えることになる」。その理由？近くの空で見えるのと同じ大きさの物体が、遠いはずの地平線上で同じ大きさの空間を占めているからです。

2　参照地点が前景にあれば、遠くの物体は大きく見えます。もし月が木の間から昇ってくると、月は非常に大きく見えるでしょう。というのも、人の脳は、無意識のうちに目の前にある物体（木の枝）の大きさと背景の月とを比べているからです。上空の月を見るときは、小さな星が背景となります。

画家は、周辺の物体を前面に移動させて錯覚をわざと起こすような遊びをすることがあります。アメリカ天文学協会のピーター・ボイス氏によると、参照地点が知覚を最も歪めるのは、それが私たちの近くにあり、その大きさがよく分かっている場合です。われわれは木の枝の大きさを知っていますが、天体の大きさを判断しようとすると、知覚が錯覚を起こしてしまうのです。ロードン氏は、満月一個分が、北斗七星の指極星の間におさまってしまうと指摘しています。こうしたことは、われわれの肉眼では決して気付かないことです。

3　月の幻視は、地上の大気の屈折により物体の像が大きく写し出される現象によって、ある程度説明できるかもしれません。しかし、屈折理論を口にする天文学者でさえ、それは錯覚を部分的にしか説明しないと述べています。

この問題についても、少数の懐疑論者がいます。彼らは、世界は平面で、宇宙飛行士は実際には月に着陸しなかったのだと言い張っている種類の人間と同じ人々であることは明らかです。彼らの主張によると、月は地平線上では上空にあるときよりも実際に大きくなるというのです。彼らを黙らせたければ、天文学者が用意している次のような反論を示すとよいでしょう。

1　月でも太陽でも、地平線上にあるときと上空にあるときとの両方の写真を撮ってみるとよいでしょう。どちらも同じ大きさに写っているはずです。

2　指先で、夜空に浮かぶ月を「覆い隠して」みます。あなたの爪が驚異的な速さで伸びるのでなければ、月が高くても低くても簡単に覆い隠すことができるはずです。

3　大きさを判断する感覚が、どんなにいいかげんか確かめるために、身体をかがめて足の間から月を逆さまに見てみましょう。新しい観点に立ったとき、あらゆる参照基準や大きさの比較が崩れ、距離や大きさを測るのに、自分がどれほど感覚器官よりも経験に頼っていたかを思い知ることになるでしょう。

しかし、人前では恥ずかしくなるようなこうした科学的実験をする場合には、広い場所で、しかも、親か保護者の監督のもとで行うことを強く薦めます。われわれは天文学上の真理を求める人の肉体的、精神的な安全に責任を持つことはできないからです。

77

日中も夜も鳴いている鳥は、いったいいつ眠るの？

マネシツグミ（モノマネドリ）は夜に眠るが、ときどき目を覚ましたり、また寝入ったりします。また、時には日中も昼寝をします。鳥は人間ほど寝る時間について神経質ではありませんが、それというのも、鳥は午前九時から午後五時までの仕事がないからです。鳥はまた、人間ほど長い睡眠時間を必要としませんが、これは鳥に税金の心配がないからです！

冗談はこの位にして、実際のところ、鳥の睡眠パターンを理解するのは極めて困難な仕事だということが分かっています。実験室での観察では、鳥が自然の状態で出会うさまざまな条件を再現することはできませんし、研究者がつきっきりで観察しているときの動作や音は、調べようとしている鳥の睡眠そのものを妨害してしまうことになるでしょう。

鳥にとって睡眠が、生理学的に不可欠のものであるかどうかを証明した人はいません。睡眠が役に立つとすれば、じっとしていることで体力の消耗を防げるということかもしれません。もし鳥が寝て、頭上に捕食動物が近付いている音が聞こえず、食べごろな虫が目に入らなければ、じっとしているだけです。睡眠は捕食動物に対して身を危険にさらすことになりますが、おかげで、起きている間、必死に食料を探すことはせずに済んでいるのです。

目を閉じても開いていても、じっと立っているだけで、ほとんどの鳥には休息になります。北極や南極に住み、二四時間も続く昼に適応しなければならない鳥は、昼夜の別なく短い睡眠をとれば十分なのです。決して、長い睡眠時間を必要としていません。

マネシツグミなど昼行性の鳥は、昼は活発に飛び回りますが、夜になったからといって、安らかな眠りにつくわけではありません。オスのマネシツグミの近くで眠ろうとしたことのある人なら、それは経験しているはずです。

78

馬はなぜ立って眠ることができるの？

馬は足の中で靭帯《じんたい》と骨とを互いにかみ合わせるというユニークな芸当ができます。そうすることで体の重みをうまく支えながら、筋肉を完全に休ませることができるのです。そのようなわけで、馬は立っていることにエネルギーを使わないのです。寝ている間は、その足が適切な位置にしっかり固定されることになります。

たいていの馬は、ほとんど立ったまま寝ますが、そのパターンはさまざまです。われわれが話を聞いた獣医によると、馬が一ヵ月かそれ以上の期間立ったままでいることは、珍しいことではないと言うことでした。馬は体重が重いわりには、骨が比較的細いので、同じ姿勢で長い間横たわっていると筋肉がひきつってしまうのです。

馬の体がこのように進化してきた理由については、想像にたよるしかありませんが、ほとんどの専門家は、野性の馬は防衛上の理由で、立ったまま眠るようになったと考えています。全米馬専門医協会会長であるウエイン・O・ケスター獣医学博士によると、野性の世界で、馬が身を守るために用いる第一の手段は、走るスピードです。「馬は立っていた方がより安全で、横になっているときよりも不意を襲われる危険が少なくなるのです」。

79

なぜレインコートはドライクリーニングしなければならないの？

実際には、たいていのレインコートは水洗いができます。もしドライクリーニングしかできないというラベルがあったら、そのコートに使われている生地に水洗いできない布があるということです。たいてい問題となるのは、裏地（特にアセテート裏地）、ボタン、ほとんどのウール、パイル、サテン、ゴム、キャンバスなどです。

専門家でない人はみな、レインコートに付けられている洗濯方法を指示するラベルは、クリーニングが撥水性に与える影響について注意しているものと思っています。しかし実際には、レインコートに使われている撥水効果を持つ化学薬品は、水洗いによってもドライクリーニングによっても部分的に失われてしまうのです。実は、不思議なことに、水洗いの方がドライクリーニングよりも撥水性に与える影響が少ないのです。もちろん、十分なすすぎをすることで、洗剤は完全に落とさなくてはならないことは、言うまでもありません。

ロンドンフォッグ・レインコートのメーカーであるロンドンタウン社によると、「撥水性の生地の大敵は、大きい順に、土、洗剤、そして溶剤」ということです。泥は、クリーニングよりも撥水効果を弱め、すぐに取り除かないと、付いたしみはレインコートから取れなくなってしまいます。ドライクリーニング屋が使う溶剤のなかには、撥水効果をだいなしにしてしまうものもあります。

第一次エネルギー危機の前は、ほとんどのドライクリーニングの溶剤は、油性でできていたので、レインコートには比較的、害がありませんでした。しかし、油性の溶剤の価格が急上昇すると、ドライクリーニング業界は過塩化エチレンの化合物を利用するようになり、これが撥水性の生地を痛めてしまうのです。ロンドンフォッグ社のマイケル・ハブスミス氏は、ドライクリーニング屋がドライクリーニングの後に、きれいな溶剤ですすぎを行えば、問題はないとしています。また、もしドライクリーニング屋が、新しい衣類を扱うたびにきれいなドライクリーニング溶剤を使うならば、レインコートは撥水性を失わないでしょう。しかしドライクリーニング屋が、洗濯物ごとに新しい溶剤を使うとしたら、それは安食堂がフレンチフライを揚げるごとに新しいオイルを使うようなもので、採算が合わなくなってしまうでしょう。

アメリカ衣料製造業者協会のフレッド・シッピー氏も、多くの衣類は、衣料メーカーが水洗いとドライクリーニングのどちらか、あるいは両方の洗濯法を自由に表示していると述べています。シッピー氏の考えでは、いくつかのメーカーが水洗いよりもドライクリーニングを奨めているのは、見た目を考えてのことなのかもしれません。水洗いされたレインコートはしわを伸ばさなくてはならないからです。ドライクリーニングされ、プレスされたレインコートは見た目がよいのです。そのコートの見た目がいつもよければ、また同じメーカーの衣類を買ってもらえるからです。

80

干しブドウは種があるブドウからも作れるの？

明らかに干しブドウには、種があった時期があります。人類は、少なくとも三〇〇万年の間、干しブドウを食べ続けてきました。おそらくお腹が空いてたまらなくなった者が太陽の熱でしぼんでしまったブドウをちょっとつまんでみようという気を起こしたのが始まりだと考えられています。干しブドウがキリスト生誕以前から貴重な商品だったということはよく知られており、特に中東では、暑い日差しに耐え、腐敗せずに長期間貯蔵できる点で大切にされました。干しブドウは南ヨーロッパでも大事にされたということが分かっています。古代ローマでは、二ビンの干しブドウで、少年の奴隷と交換できたのです。

今日、干しブドウには種がありません。ですから、干しブドウを口に入れるときは普通のブドウを食べるときとは違って、中にある固い種をかんでしまうのではないかという不安を感じることはありません。干しブドウのうち九〇パーセント以上は、トンプソン種なしブドウから作られていますが、これはスーパーマーケットの青果コーナーにいつでも置かれているのと同じブドウです。

秋の初めに十分に熟すと、トンプソン種なしブドウは摘み取られ、日干しにするために紙の皿に載せられます。ブドウに含まれる水分が適度（普通のブドウでは七八パーセントであるのに対して一五パーセント程度）になり、望ましい色や香りがつくまでおよそ二、三週間かかります。二キログラム程度のブドウからは、わずかに四五〇グラムの干しブドウしか作れません。

収穫されたトンプソン種なしブドウのおよそ六パーセントが、加工されるために干しブドウ工場に運ばれます。そこでブドウは色を保たせるために二酸化イオウで保存処理をされ、オーブンで乾燥されます。こうして出来上がったのが金色種なし干しブドウ（「ゴールデン」としても知られる）で、これはパンやケーキ、特にフルーツケーキの材料として人気があります。このように、金色種なし干しブドウに使われるブドウは、濃い茶色の干しブドウが作られるブドウと同じものなのです。

また、種のあるブドウも干しブドウを作るために使うことができるし、実際に使われてもいます。干しブドウになるブドウのおよそ一パーセントは、種があるマスカットから作られています。マスカットはまた、干しブドウを作るために使われるブドウの中で一番大きく甘いので、ケーキ作りには好まれています。マスカットも、普通のトンプソン種なしブドウと同様に紙の皿に載せられて日干しされますが、製造の過程でもう一段階の処理が必要となります。乾燥されたマスカット干しブドウは蒸気を吹き付けられた後、ローラーの間を通ることで種が取り除かれます。干しブドウのシワがこのときにできる傷を隠してしまうと、種のあるブドウから作られたのかの区別がつかなくなるので、この本の読者も今までは、すべての干しブドウが種なしブドウから作られていると考えていたことでしょう。

実際には、製造過程でさらにもう一つの処理がすべての干しブドウに加えられます。干しブドウはもちろん洗浄されなくてはなりませんが、表面のシワのために汚れが落ちにくくなってしまうことになります。したがって、干しブドウをまず熱湯の中で洗うことでシワが伸ばされ、「耳の後ろ」まできれいに汚れが落とされるのです。

81

なぜ軍人の勲章は左側に付けるの?

軍事関係の歴史家はたいてい、軍人の勲章を左の胸に付けるという慣習の起源を、名誉のバッジを心臓の上に付けていた十字軍の戦士までたどっています。この場所がその象徴的な目的で選ばれたのか、勲章を心臓を守る盾として利用しているのかはよく分かっていません。分かっていることは、十字軍の戦士は左手に盾を持ち、右手は武器を操作するために空けていたということです（このことは以前からある謎をわれわれに突きつけます。「左利きの戦士は盾を右手に持って、心臓を敵にさらしていたのだろうか?」）。

軍人が勲章を付けるようになったのは比較的最近の現象で、最初は首やサッシュに飾られていました。アメリカ勲章メダル協会のS・G・ヤスニツキー氏によると、この習慣が変わったのは、一九世紀の初頭のことでした。ナポレオン戦争の間、この戦争に参加した政府に、あるいは政府からさまざまな勲章が与えられました。低い階級にも多くの勲章が設けられると同時に、すべての階級の軍人と戦闘に参加した民間人にメダルが与えられましたが、それには「ボタン用の穴に」着用するようにという但し書きがつけられていました。

ナポレオンの時代には、国家間で多くの軍事同盟が形成され、勲章が頻繁に交換されました。勲章のインフレはいたるところで見られました。優秀な軍人は自国からだけでなく、一、二ヵ国の同盟国からも勲章がもらえるのが当たり前でした。そうなると、ボタン穴は勲章ではちきれてしまいます。結局、仕立屋だけが得をしていたのです。では、この危機にどう対処したのでしょうか？　ヤスニツキー氏に教えてもらいました。

「常識が勝ったわけです。誰も自分が集めた立派な金やエナメルの勲章をしまっておこうとは思わなかったので、ある者は宝石細工屋にその勲章の小さな複製を作らせ、すべてが軍服の決められた場所に収まるようにしました。またある者は――こちらの方がより一般的になった方法ですが――自分の国の勲章をボタンの穴に飾り、ほかの勲章はそのボタン穴から横一列にならぶように、つまり左から右へ付けていったのです」と。

82

なぜ自転車を長い間使わないと、タイヤの空気は抜けてしまうの？

この問いには、七つの事実をご紹介しましょう。

1　空気はバルブの軸から漏れます。バルブの軸のカバーは漏れを減らすことができますが、完全に防止することはできません。ファイアーストーンタイヤ&ゴム社のK・L・キャンベル氏は次のように説明しています。「どんな材質でも内側と外側の圧力が違うときは、（空気などの）気体の移動を完全にくいとめることはできません。この気圧差が大きければ大きいほど、空気の移動は大きくなります」。一般の自動車のタイヤは、普通に使っていても二二〇グラムから四五〇グラムの圧力が下がってしまうのです。

2　自転車の内側のチューブは自動車のタイヤよりも空気を通しやすいのです。完全に空気の漏れをなくしたチューブなどというものは、作ることはできないのです。ブチル基ゴムは、このチューブの空気漏れを最小限にとどめる理想的な材質で、手に入るもので最も不浸透性にすぐれたゴム素材です（車のタイヤは内側にブチルの裏張りがなされています）。もっと安価な非ブチル基ゴムで作られたチューブは、漏れが大きいのです。

3　自転車のタイヤに入っている空気の量は非常に少ないのです。一般的な自転車のタイヤの場合、一平方インチ（約六・四平方センチメートル）あたり二七キログラムの圧力がかかっていると、およそ〇・五リットルの空気だけになります。これに対し、自動車のタイヤでは、一五・八キログラムの圧力でおよそ一九リットルの空気が入っています。したがって、自転車のタイヤは、わずかな空気の漏れでも自動車の場合よりも影響が大きいのです。

4　自転車のタイヤは、自動車のタイヤの二倍も空気圧を必要とします。それだけに、その高い圧力を維持するのは難しくなります。

5　温度が下がるとタイヤの空気圧も下がります。この現象はボイルの法則を示すもので、一定の温度の下での気体では、体積が圧力に反比例します。

6　自転車の構造は、自動車よりもタイヤに負担をかけています。自転車の車輪は、スポークとニップルがあるために三六もの箇所でタイヤに穴があく可能性があります。自動車の車輪に普通は、スポークはありません。

7　自動車の空気漏れは、自転車の空気漏れよりも気付きにくいのです。肉眼で見ても、強く蹴飛ばしても、押しても、空気圧が一ヵ月に四五〇グラム減っても決して気が付きません。それは、主に自動車のタイヤが多くの層からなっていて、タイヤ自体が大きいからです。自転車のタイヤは、内側のチューブの外にはたった一つの層しかありません。自動車のタイヤは重いうえに、しっかりしたリムがあり、スポークがなく、ずっと空気圧が低いので一平方インチ（約六・四平方センチメートル）あたり、一三キログラムと一五キログラムの圧力の違いは、見た目にも、さわった感じでもほとんど区別がつかないのです。

自転車産業はプラスチック製のタイヤを導入してこの空気漏れの問題を軽減しようとしていますが、このタイヤは浸透性が少ないかわりに、乗り心地は硬く振動が多くなります。ということで、われわれは空気の漏れやすいタイヤと、ずっと長く付き合っていくことになりそうです。

83

M&M'Sのマーブルチョコレートに、どうやってMと書いているの？

この本のシリーズの第一巻をラジオで大宣伝している間、われわれのところには、M&M'Sに関する質問が殺到しました。アメリカ人は、肥満の原因となる物に、なぜこんなに関心を示すのでしょうか？

われわれは、マーズ社の消費者対策部に問い合わせました。彼らは、非常に協力的で親しみが持てましたが、単なるお世辞やわいろ、人間性への訴えかけだけでは、はっきりした解答を得るには不十分でした。

一つひとつ、手で書いているといったとんでもない説もありますが、Mというマークは、機械によって一つひとつのマーブルチョコレートに押されており、その方法は専売特許です。Mのマークは、マーズ社の製品を、現在ある、またはこれからできるかもしれない類似商品から区別するもので、会社がその技術上の秘密を教えてくれないのも理解できることです。

マーズ社は、その印刷方法がオフセット印刷と似たようなものだと言っていますが、そこから察するに、マーブルチョコレートのシュガーコーティングを直接圧迫することがないスタンプ押し機を使っているのでしょう。多くの製薬会社は、似たようなオフセット技術によってロゴを印刷しています。

84

なぜM&M'Sには継目がないのだろう？

M&M'Sは、「パンニング」と呼ばれる方法でコーティングされます。まず、チョコレートの粒が集められた後、衣類の乾燥機に似た回転するなべに入れられます。それが回転している間に、チョコレートに色付きの砂糖がふりかけます。次に、コーティングを固めるために冷たい空気をなべに吹き込みます。これを乾燥させて、均一な層となった外回りが形作られます。この作業は、マーズ社が望む厚さになるまで何回か繰り返されます。継目が見えないのは、コーティングが均一で、外回りを作るのに、切ったり貼ったりすることが必要ないからです。

85

電器メーカーは、どのようにして冷凍庫の位置を上とか下とかに決めるの？

一九五〇年代のはじめまで、ほとんどの冷凍庫は、一番上に配置されていました。そして、これが理にかなった配置だと言えます。というのは、冷蔵庫でもっとも熱を発生させる部分であるコンプレッサーを一番下に置くことで、もっとも冷たい冷凍庫と距離をおくことができるからです。明らかに、これは一番燃料効率のよい組み合わせです。冷凍庫をコンプレッサーの隣に置くことは、暖炉の側にエアコンを置いて、両方を同時に使おうというようなもので、エネルギーの大きなロスです。

不思議なことに、一九五〇年代に入ると、冷凍庫が下に付いた冷蔵庫がブームになりました。その理由は、冷凍庫は冷蔵庫よりも使われる度合いが低いから、あまり使わない部分を一番使いにくい場所に持ってくるのは当然だというものです。もっと納得がいく説明として、その新しいデザインで、冷蔵庫メーカーは新しい物が好きなアメリカ人のニーズに応えた、というものです。冷凍庫を下へ移動させることで、新しいデザイン的な要素が加わり、面白みのない器具をセクシーなものに変えたのです。最盛期には、冷凍庫を下に配置した冷蔵庫は、アメリカの冷蔵庫市場のおよそ五〇%を占め、生まれと育ちの良さを兼ね備えた人のための特別な物と位置付けされました。しかし、それもサイドバイサイド（冷蔵庫と冷凍庫が左右に分かれたスタイル）の冷蔵庫が登場するまででしたが。

サイドバイサイド冷蔵庫は、平均以上の年収のある、実直なアメリカ人家庭すべてが選ぶところとなり、それは今でも変わりがありません。一九八七年ごろ製造された冷蔵庫の七五%は冷凍庫が上に付いたもので、二三%がサイドバイサイド型、そして冷凍庫が下に付いたものは二%にすぎませんでした。サイドバイサイド型を買うという特権のために、人はかなりの金額を払わなければならず、その平均的な価格は、ほかのデザインの冷蔵庫よりも数百ドルは高かったのです。

予想されるように、サイドバイサイド型の購入者は年齢が高く、裕福な消費者が多くいます。冷凍庫を上に配置した冷蔵庫は圧倒的に若く、経済的にそれほど余裕のない層に売れています。冷凍庫を下に配置した冷蔵庫は、その中間の層の人たちに購入者が多くいますが、少しずつ高齢者層に傾き始めています。

もし冷凍庫を上に配置した冷蔵庫の長所が、エネルギー効率の良さというならば、冷凍庫を下に配置した冷蔵庫には、コンプレッサーを上に付けたらどうでしょうか？　実際にそうしているメーカーも何社かあります。しかし、このような設計にすると問題がいくつか出てきてしまい、エネルギーの節約という点で逆効果となります。もしコンプレッサーが上部に置かれたら、それは食料の大事な保存スペースを犠牲にしてしまうでしょう。また、アマナ冷蔵庫のスポークスマンであるブライン・カイブ氏によると、むしろすべてのモデルの、コンプレッサーといった主要部品の仕様を共通にすることで、かなりの経済性が達成できるということです。

結局、冷凍庫を上に置くか、下に置くかという問題は、メーカーにとってはそれほど重要なことではないのです。現在、われわれはエネルギー面に気を使っているので、上に配置するタイプが優位となっています。しかし、下に配置するタイプの人気はまた復活するかもしれません。もしそうなれば、電器具メーカーは喜んで従うでしょう。

86

前ボタンのある服のボタンはなぜ男女で違う配置なの？

前ボタンのある洋服は、前合わせが、女物は右が上、男物は左が上になっています。

この不可解な謎に対する基本的見解は、これが裕福な女性が服を着替えるときにメイドを使っていた時代までさかのぼるのではないか、というものです。ほとんどの人は右利きなので、右利きの人にとっては服のボタンを左から右へと掛けていくのが一番簡単でした。これは今の男性用の服と同じです。女性用衣服のボタンの配置は、おそらくメイド（明らかに右利きの）が女主人の服のボタンを掛けやすいように変えられたものなのでしょう。

また、女性はたいてい授乳のときに赤ん坊を左手で支えるので、人前では左の胸で授乳させる方が都合がよかったという説もあります。そこで仕立屋も右から左へボタンを掛けるような衣類を作るようになったというのです。

今では、ユニセックスの衣服が数多くあって、ボタンの配置を一種類にしてしまいたいという衣料品メーカーも多くあります。しかし、怠慢なままでは現状は変わらないでしょう。

誰か、このボタンに関する謎の真の起源を明らかにする証拠を示すことができる人物はいないのでしょうか？

デイヴィッド・フェルドマン（David Feldman）
1950年生まれ。米国の三大ネットワークのひとつであるＮＢＣテレビで番組編成の仕事に携わっていた。ある日、砂糖でコーティングされたコーンフレークと、何もコーティングされていないコーンフレークのカロリーが同じであることに疑問を抱く。それ以来、日常生活のさまざまな謎（imponderables）の真相解明に取り組んでいる。著書に『魚はいつ眠るのか？―アメリカ人を悩ます110の謎』（小社刊）など多数。
フェルドマンのホームページ
http://www.imponderables.com/

アメリカン・トリビア

2003年10月20日　初版第１刷発行

著　者　デイヴィッド・フェルドマン
訳　者　秋元　薫
装　丁　山口昌弘
題　字　山口昌弘
装　画　中村久美
発行者　原　雅久
発行所　株式会社朝日出版社
〒101-0065　東京都千代田区西神田3－3－5
TEL 03-3263-3321　FAX 03-5226-9599
http://www.asahipress.com/
振替口座　00140-2-46008
組　版　ナグ（Nippon Art Graphic）
印刷・製本　図書印刷株式会社

ISBN4-255-00246-0 C0098